Agri-Food Kingdom

農と食の王国シリーズ

キクイモ王国

地方の時代を拓く食のルネサンス

一般社団法人ザ・コミュニティ×みんなのキクイモ研究会＝編

鈴木克也　生方三朗　本多忠夫　滑川善也　内田克己　大泉洋子　矢野恭子

日本地域社会研究所　　コミュニティ・ブックス

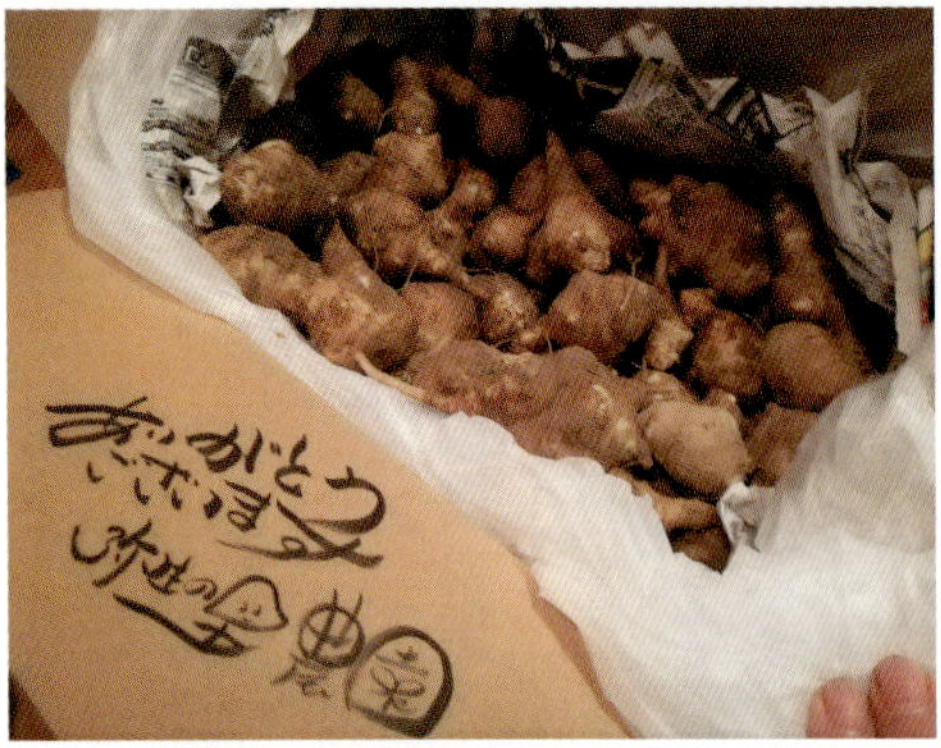

弥生の里農園、吉岡里巳さんのキクイモ発送。
手書きの文字に、あたたかさを感じます。

各地から届いた キクイモだより

グラタンにキクイモパウダーをトッピング。
小高律子さんの簡単レシピ。

◆女性生産者ならではの視点とアイデアがあります。
（第 1 章 P15 ～）

こんなふうに盛りつけると、漬物もおしゃれですね。もえファーム、相馬佐穂さん開催のキクイモパーティで。

フランスやイタリアでは、マルシェでも売っているポピュラーな野菜。

長井市を流れる最上川河川敷のキクイモ畑。花が咲く時期には多くの市民が花見に訪れます。

長井市タスパークホテルでのキクイモ尽くし御膳「菊寿」。メインはキクイモ入りつくねの鍋。ほかに、サラダ、ポタージュ、天ぷら、刺身のツマ、漬物、きんぴらなど。

「キクイモといえば長井」
をめざし、活動を続ける
長井菊芋研究所。
（第３章 P44 〜）

熊本菊芋専門店「ひなた」のホームページ、レシピ集から。キクイモは他の食材と合わせやすく、さまざまなジャンルの料理に利用できます。

日々の食事にキクイモを。「ひなた」ではキクイモ商品やレシピを広く提案。（第３章 P78 ～）

家の畑を兄妹でお手伝い。

佐賀大学農学部の農園に咲くキクイモの花。

高校生や大学生も、キクイモの機能性を研究しています。（第3章Ｐ54〜／Ｐ84〜）

「アグリビジネス創出フェア」に出展した佐賀大学機能性農産物キクイモ研究所の学生たち。

バイオ甲子園、バイオサミットで日本一に輝いた長崎県立長崎南高等学校。写真はバイオサミットの際の展示の様子。

JA 信州うえだよだくぼ南部キクイモ研究会が開催した親子キクイモ収穫体験会で。

仲間と地域と健康。キクイモは新たな地域の顔に育ってきています。（第 3 章 P64 ～／ P70 ～）

徳島県美馬つるぎ地区キクイモ栽培加工消費研究会のキクイモキャラクター「キックル」。くるりと丸い笑顔、大地を蹴り上げ伸びるような元気な姿を表現。名称募集には全国から 597 件の案が寄せられました。（登録商標第 5669783 号）

消費者が主体となって、キクイモを食べることを楽しんだり、栽培する地域が増えています。
（第５章P113～）

2018年２月、東京都国立市で開催された「キクイモ・ヤーコン家庭料理コンテストでは、50品近い家庭料理が寄せられました。

あさひかわ菊芋健築会の畑。農作業はよい運動になり、収穫したキクイモでより元気に。

健康の教室「サキベジ・ラボ」ではキクイモの料理教室を開催。葉の天ぷらがおいしそうです。

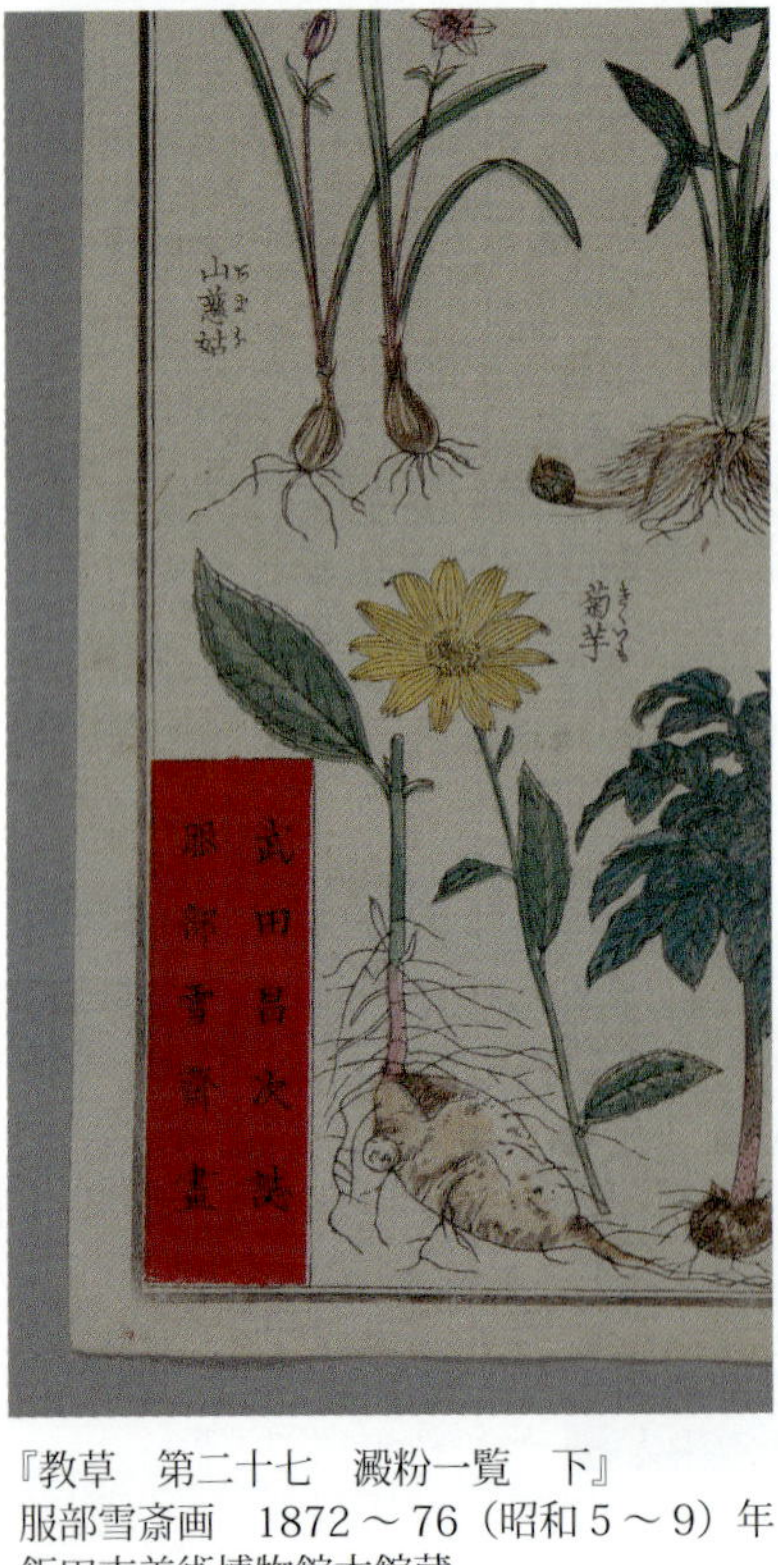

『教草　第二十七　澱粉一覧　下』
服部雪斎画　1872～76（昭和5～9）年
飯田市美術博物館本館蔵

「花ハ菊ノ如ク根ハ芋ノ如キニヨリ菊芋ノ名ヲ命セリ」。菊芋の名づけ親、田中芳男氏（写真）は数多くの書物を発表しました。そのなかの1冊、『教草 第二十七澱粉一覧』にキクイモの絵が描かれています。（第4章P106～）

はじめに

キクイモは、近年、からだによいとして話題になっており、ネットや雑誌に取り上げられることも多く、情報があふれています。だからこそ、「○○に効く」といった華やかな謳い文句ではなく、キクイモ生産や開発に取り組む人々の「思い」を知り、多くの方に伝えたいと考えました。

「からだによいキクイモをたくさんの人に食べてほしい」

熱い思いでキクイモを育てる生産者がいます。

「キクイモの風味を活かし、おいしい商品をつくりたい」

さまざまな食品メーカーやお店の工夫があります。

「キクイモの成分、機能性を解明したい」

研究者や学生は、実験しデータをとり、考察します。

こうした、さまざまな人の「思い」を本にまとめました。皆さまの生活に、なにかプラスになれば幸いです。

目次

巻頭カラー …… 2
第1章　からだによいキクイモを食卓へ届けたい！　～女性生産者ならではの思いと情熱 …… 15
両親のために作りはじめたキクイモ。今では地域の人気野菜に　弥生の里農園　吉岡里巳さん（北海道名寄市） …… 16
育てやすいキクイモで、障害のある人にもやりがいを持てる仕事を　もえファーム　相馬佐穂さん（埼玉県久喜市） …… 21
トピナンブール（キクイモ）のすばらしさをもっと伝えたい　小高律子さん（神奈川県藤沢市） …… 28
第2章　キクイモ基礎講座　～キクイモの「何」がそんなにすごいのか …… 35
薬草として浸透する反面、旺盛な生命力のため自然界では大暴れ …… 36

イヌリンをはじめとする豊富な栄養素が健康への相乗効果をもたらす……37
キクイモ豆情報……41

第3章　地域×生産者×大学　キクイモを地域ブランドに……43

「キクイモといえば長井」をめざし、オール長井で臨む……44
きくいもの里「長井菊芋研究所」（山形県長井市）
大学発の技術とキクイモ商品で佐賀を健康県に……54
佐賀大学機能性農産物キクイモ研究所（佐賀県佐賀市）
寄稿　キクイモによる血糖値低下の臨床研究……61
佐賀大学医学部 肝臓・糖尿病・内分泌科 高橋宏和 中島茜 安西慶三
キクイモで地域を健康に、地域農業も守る……64
徳島県美馬つるぎ地区キクイモ栽培加工消費研究会（徳島県美馬市）
キクイモがつなぐ仲間と地域の輪……70
ＪＡ信州うえだよだくぼ南部きくいも研究会（長野県上田市、長和市）

キクイモ事業が描く将来への希望。健康も、復興も 78
熊本菊芋専門店「ひなた」と生産者の皆さま（熊本県益城町、宇土市）
キクイモの機能性を調べて、バイオ甲子園で日本一 84
長崎県立長崎南高等学校　土橋バイオグループ（長崎県長崎市）
キクイモ学会ともいえる　北海道キクイモ研究会 96
企業も注目しはじめた「キクイモ」 100

第4章　キクイモの歴史

第4章　キクイモの歴史 103
船に乗ってやってきた帰化植物、キクイモ 104
「菊芋」命名 106
明治期のかくれた偉人、田中芳男 106
戦後の食糧難時代を支えたキクイモ 110
そして今、再び、食のルネサンス 111

第5章　キクイモ大好き！　各地のキクイモ健康会 …… 113
健康腸寿、自給自職。そしてキクイモで健康を築く
言葉遊びが上手で楽しい、市民発のキクイモ活動 …… 114
あさひかわ菊芋健築会（北海道旭川市）
地元産のキクイモを使い、みんなで考えるキクイモ料理 …… 120
キクイモ・ヤーコンを食べて幸せになろう（東京都国立市）
サキベジ「3つの習慣」にぴったりハマるキクイモ栽培 …… 130
一般社団法人サキベジ推進協議会（長野県長野市）
●まだまだ全国にたくさんいるキクイモ栽培にかける皆さん …… 136
第6章　和食に洋食、スイーツも！　健康と美容にキクイモレシピ …… 137
《北の鉢ポッポ舎》稲葉典子さんのレシピ …… 138
キクイモおやき、キクイモのおやきのだんご汁、キクイモと厚あげの煮びたし、キクイモとにんじんの胡麻酢）
《熊本菊芋専門店「ひなた」おすすめレシピ》 …… 141
もっちりロールケーキ、サーモンのスープパスタ、キクイモの天ぷら、

キクイモのごろごろみそ汁、キクイモのヨーグルトドリンク、
キクイモチップスのオープンサンド、キクイモと油あげの酢の物、
キクイモと納豆のおやき
《ＪＡ信州うえだよだくぼ南部 きくいも研究会のレシピ》……146
キクイモの福神漬け
《長井菊芋研究所とゆかりのある
山形県立山辺高校の生徒たちによるレシピ》……147
キクイモの豚肉巻き、キクイモｐｉｚｚａ、キクイモコロコロ揚げ
《小高律子さんに聞く「キクイモ簡単1行レシピ」》……149
ふりかけるだけ！、
いつものメニューでキクイモと何かを取りかえるだけ！
おわりに……150
取材協力・写真資料協力……151
参考文献……152

第1章

からだによいキクイモを食卓へ届けたい！

～女性生産者ならではの思いと情熱

両親のためにつくりはじめたキクイモ。今では地元の人気野菜に

弥生の里農園　吉岡里巳さん（北海道名寄市）

吉岡さん手作りの自然ミネラル肥料が育てるキクイモ

冬のキクイモは厚い雪の下。雪の下でじっと冬を越したキクイモは甘みが増して、さらにおいしくなるそう。

北海道の北部に位置する名寄市は夏と冬の寒暖差が70度もあり、一日の寒暖差も大きい自然環境の厳しい地域ですが、それが野菜の生育にはプラスに作用し、味の深い野菜が育つそうです。

吉岡さんがキクイモに出会ったのは2年ほど前。最初は、血糖値の高い家族のために調べ、「キクイモがいいらしい」

と知り、そして、たまたま勉強会で出会った人から種イモを譲ってもらってのスタートでした。

そして収穫。ご両親はもちろん、自分でも食べてみたところ、朝から元気に動けるなど体調がよくなった実感を持てたことから、生産量を増やしました。

吉岡さん手作りの自然ミネラル肥料で育てるキクイモは皮ごと食べてもえぐみがなく、とてもおいしいとお客さまから大好評。旬の時期が限られるキクイモですが、この地で、着実にキクイモファンが増えているようです。

吉岡さんの野菜は地産地消が基本。キクイモも直売所などの野菜マルシェで販売する他、地元のレストランに食材として提供しています。たとえば、地元の食材を使った料理を提供するレストラン「Ａｏｚｏｒａ料理店」では、「イタリアではポピュラーな野菜なんですよ。名寄でつくっているなんて！」とオーナーシェフがよろこび、ディナーコースに取

り入れてくれて、キクイモのムースとなりました。さらに、おせち料理の一品にも。このキクイモのムースが大人気となり、引き続き仕入れてくれることになったそうです。また、名寄市弥生地区にある田舎食堂&旅人宿「天塩弥生駅」でも、生のキクイモがとれる時期には、食事にキクイモを使った料理を出しています。

体調をくずして知った食の大切さ

現在、キクイモ、じゃがいも、大根、アスパラガス、トマト、ハーブなどいくつもの野菜をてがけ、直売の野菜マルシェで自ら販売。その他、読み聞かせや勉強会など地域で元気に活動されている吉岡さんですが、10数年前、つらい時期がありました。体調をくずし、精神的にも不安定に。同じ頃、お子さんも湿疹などのアレルギー症状が出たり、あるいは、学校での授業に集中できない、落ち着きがないといった状態が続いたというのです。

そんなある日、吉岡さんは、「食が関係しているのかもしれない」と気がつきます。本などで情報を集め、思い当たる節があったため、食生活を見直そうとしました。有機栽培の野菜や調味料を探しましたが、当時はまだ、そうした食品を扱う店が少なく、問い合わせても変な顔をされることが多かったそうです。

やっと手に入れた有機野菜で食事をつくると、お子さんが「おいしい！」「無農薬ってすごいね」と笑顔で食べてくれる。そして徐々に、自分の体調もお子さんの様子も好転。心とからだにとって、いかに「食」が大事かを実感したそうです。

「あまり売っていないのなら、自分で野菜をつくればいいんだ」

「食べて病気知らず」。おいしくて体によい野菜を届けるために

農業をしたい。そう思ったのが６年前。周囲は猛反対でした。曰く、「名寄はとても寒いから、知識がないと無理」「化学肥料を使

直売所での野菜販売。「無農薬の野菜を食べると、元気になるよと伝えたいです」

弥生の里農園の看板前で。息子さんと

わないと育たないよ」など。しかし吉岡さんは食が大事であることと、自然農法の野菜の可能性に確信を持っていました。そして、まずは一般的な農法の授業を受け、自分でもいろいろ勉強し、経験を積み、２０１６年、名寄に移住。農業をいとなむ叔父から畑を借り、植物発酵堆肥をはじめ自然の恵みを肥料にする自然農法で新規就農します。

今では写真の通りの笑顔。お子さんも大きくなり、自分の夢に向かってまい進しているそうです。「食を変えることで、自分の才能も伸ばせるんです」。

無農薬の野菜を育てるようになって、自然と向き合う中で人とも向き合い、育ち、育てられていくことの大切さを強く感じるようになったとも。

「この土地の気候風土が生み出したおいしい野菜を皆さんにお届けできるのが、本当にうれしいです」

育てやすいキクイモで、障害のある人にもやりがいを持てる仕事を

もえファーム　相馬佐穂さん（埼玉県久喜市）

「自分の子どもだけの話ではない」の思いが起業の原点

自分が死んでも、この子は生きていかなければならない。相馬さんがずっと考えてきたのは、障害のあるお子さんの人生でした。できるだけ自分の力で稼いで、友だちとランチしたり、洋服を買ったり、ゆくゆくは結婚したり。ごく普通の自立した生き方ができることを望んでいます。しかし現実には、さまざまな壁が立ちはだかっていました。知って、一番おどろいたのは障害者の給料の低さ（福祉的就労）。自分の子どもだけの話ではない。相馬さんは

立ち上がります。

２０１５年、埼玉県の女性向け創業セミナーに参加したのをきっかけに、２０１６年２月、地域のなかで障害者が活躍できる社会の構築をめざし、「えすびぃコミュニティデザイン研究所」を設立。地域活性化事業として、ラベンダーの生産や商品化、蜂蜜を使った商品の開発、イベントの開催などをすすめながら、障害のある人が自立して生きていくためのさまざまな支援システムの構築に挑んでいきます。そしてたどり着いたのが「キクイモ」でした。

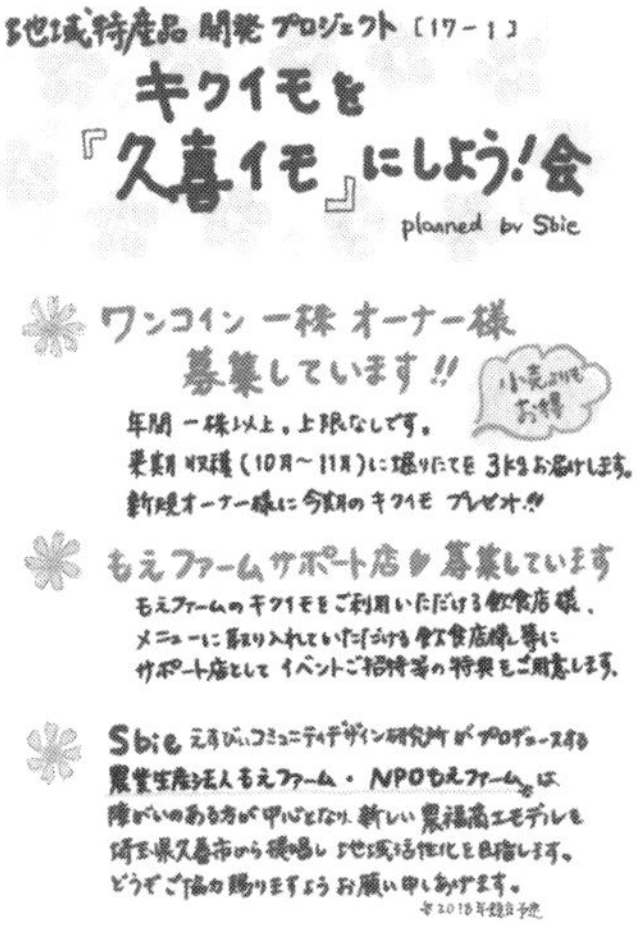

ワンコイン一株オーナーやサポート店など、小さな力を大きく変えるアイデア。

手書きのチラシ。相馬さんの思いが伝わります。

キクイモを久喜イモに！

数ある農作物の中から、障害のある人にも育てやすく、健康や美容にもよいキクイモに注目。市内に畑を借り、２０１７年春、キクイモの栽培をはじめました。旺盛な生命力は相馬さんが想像した以上。その畑でとれたキクイモを使い、12月には「キクパ（キクイモパーティ）」を開催しました。久喜市のダイニングバー「マイセラー＆ワイン」で行なわれた様子をみると、とてもおしゃれ。当日は、地元企業と共同開発したキクイモ入りラビオリやニョッキを使った料理をはじめ、生のキクイモやチップスを使った料理やお菓子もふるまわれました。

キクイモ入りニコッキ。

キクイモチップスを使ったサラダ。

そして2018年2月、地元・久喜の仲間とともに、農福関連事業に特化した法人として「もえファーム」を設立。メンバーは梨農家、お茶農家、社会保険労務士、種苗業者など6名です。

もえファームサポート店の1つ。イオン東鷲宮店1F「インド料理　ドゥルガダイニング」のキクイモカレーランチ。ゴロゴロとキクイモが入っています。

自然農法の実験畑エリア。真の目的は「誰にでも野菜がつくれること」

もえファームの畑にはキクイモをはじめ、ヤツガシラ、空芯菜などが栽培されています。ユニークなのが、まったく手をかけない自然農法の実験畑エリア。参考にしているのは、愛媛県で「自然栽培による障害者就農への取り組み」を実践されている佐伯康人さんのやり方。元肥なし、追肥なし、農薬、殺虫剤もなし、水もまかない。野菜の種を何種類か適当にばらまき、あとは自然まかせという農法です。

え、水も？　と思ったら、葉にたまる朝露が落ちて土を潤すのだそう。光が必要なとき、作物は光を求めて他の作物の間から葉を伸ばし、光を避けたいときは葉の下に自然と隠れる。「一般的な感覚からしたら、あり得ないですよね。植物ってすごい。でも、ここの土、やわらかくていい土だし、できた野菜もおいしいんですよ。このやり方だと、体が不自由でも、高齢になっても、農業ができるでしょう」と相馬さんは笑顔で話してくれました。

キクイモは育てやすい野菜ですが、種芋の植えつけや収穫には体力も必要です。もう一歩先、体が不自由な人でも農業ができるように。今はまだ実験的ですが、将来はもえファームの柱の1本に育てたいと相馬さんは考えています。

あるグループホームとの出会いと決意

もえファーム設立から2カ月後の4月、県内のある障害者グループホームとの出会いがありました。

農場を経営し、入所者は農場で働きながら寝食をともにする。開所から約30年という歴史ある施設ですが、後継者がいないことから、代表理事ご夫妻は閉所を考えた時期もあったそうです。「受け入れる方の人生に責任を持ちたい」と考えてきた理事にとって、「自分たちが死んだあとのことが心配」だから。自分たちが高齢になるにつれ、自分たちより若い人は受け入れてこなかったのだとか。

代表理事の思いは、相馬さんの思いと一緒でした。

代表理事ご夫妻と話しながら、相馬さんは自分が「人生を賭けてやるべきこと」

を再確認したといいます。障害のある人が自立できる仕組みをつくること、生き抜く力や知恵、自分の人生をつくりあげるたくましさを身につけさせること。そして、それらを継承していく場所をつくること。

もえファームでは障害のある人の畑作業体験もはじめました。障害のタイプや性格によって、できる仕事、任せる仕事を考えていく。こうした経験を積み重ねていき、まずは5年後、そして10年後。目標を定めて動き出しています。

トピナンブール（キクイモ）のすばらしさをもっと伝えたい

小高律子さん（神奈川県藤沢市）

「菊芋」への偏ったイメージを変えるために

「トピナンブール」「エルサレム・アーティチョーク」。ヨーロッパではキクイモのことをこういいます。この呼び名にこだわっているのが小高律子さんです。

日本では「菊芋」の他に「カライモ」「ブタイモ」などと呼ばれてきました。「芋」と聞いてしまうと、芋の仲間なのかと栄養素含めて勘違いしてしまうし、カライモはまだしも、「ブタイモ」などと聞いては栄養うんぬん以前に、おいしくなさそうで食べる気にならない。キクイモの栄養価にほれ込み、専業主婦から新規就農でトピナンブール生産者に転身した小高さんは、「とにかく、まず、そのイメージを変えたかった」のだといいます。

専業主婦から生産者へ。人生を大きく変えたキクイモとの出会い

最初は食物繊維が豊富で健康によい野菜として、取り寄せて食べるだけの一消費者だった小高さんですが、食べた翌日、体がすっきりし体調がよいことに気がつきました。調べてみると、イヌリンを中心にとても栄養価が高い野菜だということがわかった。そして同時に、生のキクイモは土を落とすと傷みやすく、きれいな野菜をそろえるスーパーなどでは取り扱いにくいことなど

も知ります。

この頃、ちょうどお子さんたちが中学生になり、手が離れてきたので、何かしたいと考えていたときでした。しかし面接に行っても、なかなか受からない。「働きたいのに働けない。もう社会に戻れないのではないか」と落ち込んでいたとき、ご主人が「パートじゃなくて、自分でなにかやってみたら」と言ってくれたそうです。

そして、たまたま、貸し農園を営んでいる知り合いにその話をしたら、「今ちょうど大きな畑が空いているから、貸してあげるよ」と。しかも、農業について一から教えてくれるというおまけまでつきました。「もっと多くの人にトピナンブールを食べてほしい」と思っていた小高さんは、この偶然に使命感を感じ、農業の世界に飛び込みます。8年前のことでした。

こうして畑を借り収穫できたものの、1年めは販路がなく、収穫したキクイモを半分近く処分することに。これを機に、小高さんは積極的に自分から動き出します。

キクイモは、ヨーロッパではトリュフとの相性が良いことから高級食材として使われていることや、栄養価が高いことが知られています。また、一般の家庭でもさまざまな料理の材料として使われ、とてもポピュラーな野菜。こうしたことを、どうにかして伝えたいとの強い思いから、ブタイモや「芋」のイメージを払拭しようと、「トピナンブール」の名前にこだわり、お茶やパウダーなどの商品パッケージには、あえて「菊芋」の文字は入れず、おしゃれなデザインにしました。

　あるいは、イタリアンやフレンチレストランに出向き、料理として提供してもらえるよう営業をかける。イベントに積極的に出店する。生産者としてキクイモを育てながら、積極的に営業も。そうした地道な努力が実を結び、着実に販路は広がっていきました。ところが、その矢先、先方の諸事情により農地を返さないといけないことになって……。

パッケージにもこだわって。

フレンチレストラン「ラ・ボンヌターブル」。
トピナンブールを使った一皿。

阿智村との出会い

ここでやめるわけにはいかない。消費者、納品先への責任もある。どこで作ればよいのか、とアンテナを張っていた小高さんが出会ったのが阿智村でした。長野県の南部、下伊那郡にある阿智村は、かつて、村をあげてキクイモづくりを応援していた地域。しかし、近年、いい農地があり、生産者も多く、チップスなどの工場設備も整っているのに、一時の勢いを失っていました。話をしてみると、キクイモがからだによいこと、もっとつくって、たくさんの方に食べてほしいことなど、阿智村の生産者の思いは以前と変わらず、小高さんの思いと一緒でした。

阿智村の
キクイモ畑

そこで小高さんは、自分の地元、神奈川で畑を借りて生産も続けるものの、キクイモ生産とパウダーやチップスなど加工品の主な生産は阿智村に任せ、自身はイベント出店をはじめさまざまな広報活動、都内のレストランへの営業、納品といった、営業宣伝活動に力を入れることに舵を切ります。一番やりたいこと、小高さんを突き動かしていることは「もっと多くの人にトピナンブールを食べてほしい」ということ。そこは８年前からずっと変わらず、ブレも迷いもないのです。

イベント出店は、直接、消費者と話せる大事な機会。

小高さんはイベントやＳＮＳで、キクイモを使った簡単レシピを紹介しています（第６章でその一部をご紹介）。パウダーやチップスをトッピングするだけ、あるいは普段使っている野菜をキクイモに置きかえるだけ、の簡単レシピ。キクイモ初心者にはうれしい情報です。

パリのマルシェでは、他の野菜と並んで売られています。「からだによい野菜として人気があるそうです」（小高さん）

第2章

キクイモ基礎講座

～キクイモの「何」がそんなにすごいのか

薬草として浸透する反面、旺盛な生命力のため自然界では大暴れ

ここ最近、テレビや雑誌などでキクイモの特集が組まれ、その健康効果に注目が集まっています。キクイモの主成分「イヌリン」に血糖値を下げる作用があることから「天然のインスリン」と呼ばれ、糖尿病をはじめとする生活習慣病予防に効果を発揮する食品としてクローズアップされているのです。

§

キクイモは、ゴボウと同じキク科の多年草で、ジャガイモのように地下茎の一部が肥大した塊茎を利用する野菜です。北アメリカ原産で、日本には江戸時代末期に渡来しました。今でこそイヌリンを含有する貴重な〝薬草〟とさえ言われますが、当初はそこまでの認識はなかったようです。戦中・戦後の一時期、食卓に上ることもありましたが、食糧事情が改善されると、キクイモは一般家庭の台所からは姿を消し、その後はとくに脚光を浴びることもありませんでした。

健康野菜として注目される一方、外来生物法の「要注意外来生物」に指定される

［表1］100g当たりの主な成分

	エネルギー	炭水化物	食物繊維	カリウム	ビタミンC
キクイモ	35kcal	14.7g	1.9g	610mg	10mg
サツマイモ	140kcal	33.1g	2.8g	380mg	25mg
サトイモ	58kcal	13.1g	2.3g	640mg	6mg
ジャガイモ	76kcal	17.6g	1.3g	410mg	35mg

（七訂 食品成分表 2018 本表編より）

という不名誉な側面ももっています。畑では肥料を施さなくてもよく育ち、放っておくと草丈２～３メートルにも伸びて、地面を覆い尽くすほどの繁殖力があることがその原因。土中のイモを掘り残すと翌年も芽を出して雑草化するため、畑や河川敷などでは、他の作物や在来種に深刻な被害を及ぼしているのも事実です。

イヌリンをはじめとする豊富な栄養素が健康への相乗効果をもたらす

キクイモは名前にイモとつくものの、イモ類に多いデンプンをほとんど含みません。エネルギーはジャガイモの半分以下（表1参照）で、ダイエットを心がけている人にはうれしい低エネルギー食品といえます。また、ナトリウム（塩分）の吸収を抑えて排泄を促す働きのあるカリウムの含有量も、ジャガイモの約1・5倍と多く、血圧の上昇を抑える効果が期待できます。ほかにビタミンや、カルシウムなどのミネラルが相互に作用し、血流をよくする、腎機能を高めるなど、多くの健康作用があることが報告されています。

ところで、キクイモの最大の特徴といえばイヌリンの含有量の多さです（表2参照）。イヌリンは炭水化物の一種、デンプンと同じ糖質で、水溶性の多糖類に分類されます。ただ、デンプンと違うのは、難消化性多糖類といって、人間の消化酵素では消化・分解されず、そのまま腸に届いて体外に排出されるという点です。つまり、糖質でありながら、摂取してもほとんど吸収されないというわけ。また、イヌリンは腸内で水分を含むとゼリー状になる性質があり、腸内の余分な糖質などを絡め取りながら腸内を移動します。糖質の吸収を抑制して血糖値を下げる、このことがまさにイヌリンが「天然のインスリン」といわれる理由です。

［表2］イヌリンを多く含む野菜

	含有量（100g当たり）
キクイモ	18.0g
ニンニク	12.5g
ゴボウ	5.4g
タマネギ	4.3g
アスパラガス	2.5g
レンコン	0.1g
カボチャ	0.1g

（一般社団法人 日本家政学会研究発表要旨集／西九州大学健康栄養学部教授 安田みどり他より）

ゼリー状になったイヌリンは、腸内を掃除しながら移動して体外に排出されます。その間、大腸では腸内細菌の善玉菌だけの餌になって、善玉菌を増やすこともわかっています。おまけに腸のぜん動運動をよくして排便を促すため、大腸がん予防にもつながると大いに期待されています。

イヌリンの働き

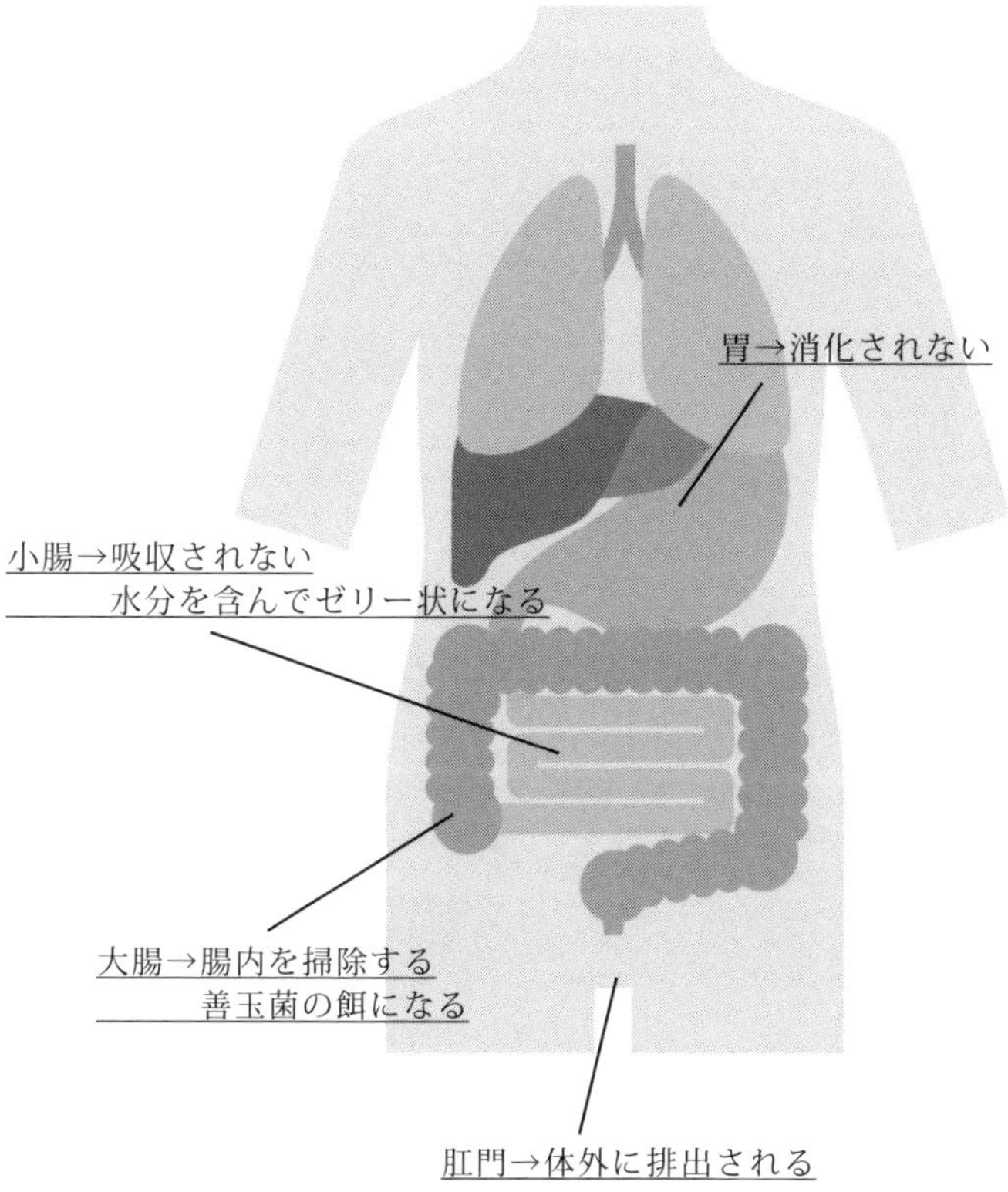
胃→消化されない
小腸→吸収されない
水分を含んでゼリー状になる
大腸→腸内を掃除する
善玉菌の餌になる
肛門→体外に排出される

＊泥つきのまま冷蔵保存
土をつけたまま新聞紙に包み、冷蔵庫の野菜室へ。
＊土に埋めて長期保存
秋から翌春までなら土に埋めて保存。
寒冷地では土やもみ殻を入れた容器に埋め、凍らない場所で保管する。
春になると芽が出てしまうのでその前に食べる。
＊皮をむいて冷凍保存
夏を越す場合は、皮をむいて軽く水洗いし、小分けにして冷凍する。薄くスライスしてもよい。

生食には向かないが、煮物なら解凍せずにそのまま使えて便利。
＊スライスして乾燥保存
皮をむき、薄くスライスして水洗いしたものを、２〜３日天日で干す。乾いたら保存袋に入れて冷暗所で保存。食べるときは水で戻して煮物にするほか、煮出してお茶にする方法も。

◆食べるときの注意
キクイモは食物繊維が豊富に含まれるので、一度に食べすぎるとお腹がゆるくなることがあります。最初は少しずつ、自分に合う量を見つけましょう。

キクイモ豆情報

キクイモは、ゴボウのような香りとリンゴのようなシャキシャキとした食感が持ち味。噛むほどに、ほんのりとした甘みが口の中に広がります。独特のえぐみがありますが、火を通せば気になりません。イヌリンを上手にとるため、できれば皮ごと調理するのがおすすめです。（料理のヒントは第6章P137～参照）

◆新鮮で美味しいキクイモの見分け方

キクイモの旬は、イヌリンなどの養分をたっぷりと蓄える冬。冬に収穫された泥つきのものがベストです。

＊実が詰まって、ずっしりと重いもの

→十分に栄養を蓄えている証拠

＊ハリがあってみずみずしいもの

→しなびているものは鮮度が落ちているか、傷んでいる可能性も

◆イヌリンを減らさないための賢い保存法

キクイモは鮮度が落ちやすく、常温では１週間もするとしなびてしまいます。すぐに食べないときは上手に保存しましょう。

長井市内のキクイモ畑

第3章

地域×生産者×大学
キクイモを地域ブランドに

「キクイモといえば長井」をめざし、オール長井で臨む

きくいもの里「長井菊芋研究所」（山形県長井市）

秋、山形県長井市を流れる最上川河川敷にあるキクイモ畑では、黄色の花が鮮やかに咲き誇ります。市の中心部から川まで近いこともあり、花の季節にはたくさんの人が訪れるそうです。

「五月雨をあつめて早し最上川」

松尾芭蕉の句でも知られる最上川は律令の昔より舟運が行なわれ、重要な交通路でした。その源は山形県と福島県との境にある西吾妻山にあり、米沢・山形盆地を北に向かって流れ、４００もの支川を集めて大きくなり、酒田市において日本海にそそぐ一級河川。ひとつの都府県のみで源流か

最上川河川敷に広がるキクイモ畑。

ら河口までを流れる河川としては国内最長です。江戸時代、長井には船着場や米沢藩の陣屋がおかれ、人や物、文化の行き交う町として栄えました。市内には江戸から明治にかけて建てられた商家や水路などが残されており、当時の様子を今に伝えています。

丸大扇屋（旧長沼家）はおよそ350年前から長井市十日町で代々続いた商家。県指定文化財。

キクイモにかける長井商工会議所の挑戦

山形名物のひとつに「おみ漬け」があります。青菜を細かく切り、大根やキクイモ、にんじん、シソの実などと一緒に漬けこんだもので、最上川の舟運が盛んだった時代、近江商人が野菜を無駄にしない方法として伝えたといわれています。

江戸中期、財政危機に陥っていた米沢藩を救った上杉鷹山は、家の垣根になり、食用にもなるウコギの栽培を奨励したという逸話があり、今でも米沢市を中心に置賜地方で生産されています。食用になり、花もきれいなキクイモは、質素倹約を常とした鷹山公の精神と合うものがあったのでしょう。戦後の食糧難時代には、その育てやすさから全国で盛んに栽培されたキクイモが、その後、生活が豊かになるにつれ、他の食べ物に追いやられていったなか、山形に郷土料理の食材として残ってきた背景には、そういうことがあるのかもしれません。

そんな山形県の長井市で、２０１５年4月、農業、料理店、観光、加工製造業など商工農業者、長井商工会議所の有志が集まり、「長井菊芋研究会」が設立されました。人口流出、医療、産業…。長井市も他の地方都市と同様、さまざまな問題をかかえています。

「人口流出はある程度しかたがない。ではどうするか。健康寿命を伸ばすこと、そして地場産業を含めた地域の再生に取り組むことが急務と考えました」と語るのは、長井商工会議所の専務理事、塚田弘一さん。

長井の水と土がおいしく栄養あるキクイモを育てる。

地域の問題解決を考えるなかでいきついたのが、近年、ヘルシー野菜として注目されてきたキクイモでした。研究会では、その栄養価はもちろん、栽培の工夫、商品化のアイデア、商品展開、販路などあらゆる可能性を調査。６次産業化の推進や地域活性化に結びつくかどうか。時に専門家の知識も借りながら、検討してきました。商工会議所では粉末やチップスに加工する機械の購入資金、成分分析、消費者のニーズ調査などの目的で助成金も得ます。そして、キクイモ粉末の成分分析を専門機関に調べてもらったところ、イヌリンの含有率が50％を超え、比較した他の２地域よりも高いという検査結果が出たのです。

朝日山系からの「名水」がはぐくむ長井のキクイモ

長井のキクイモに含まれるイヌリンの量が高い理由は今もまだわかっていませんが、「長井の地下水、硬度18という超軟水になる土壌成分にあるのではと考えている」（塚田さん）とのこと。長井市のサイトをみると、長井市の水道水はすべて、深井戸から取水する天然水であり、「朝日山系の山々にろ過された水は、全国的にも珍しい硬度18の超軟水」と書かれています。

この結果も弾みとなって、キクイモを生産する農家と商品開発に取り組む企業や店が増えてきました。キクイモを食べることが健康に役立ち、市民の健康寿命がのびていけば医療費の削減につながり、産業も育っていけば地域が元気になる。さらにいえば、長井だけのことではなく、日本全体にキクイモのよさが広まれば、もっと多くの人が健康になれる。そうした志を持って活動を続けてきた長井菊芋研究会にとって、大きな追い風となりました。

「キクイモを安定して加工業者に供給し、その先にいる消費者に届けるためには、きちんとした産業基盤をつくらないといけない」と、長井菊芋研究会の有志9人が出資して、2016年11月、「合同会社長井菊芋研究所」を設立。代表社員に、長井菊芋研究会の会長でもある寿司店経営の飯澤徹氏が就任しました。

2017年1月には、山形新聞社が進めるクラウ

クラウドファンディングの顔となったキクイモと笑顔。

ドファンディング「山形サポート」に参加。無事、目標金額をクリアし、成立します。

クラウドファンディングで得られた、お金には変えられないもの

寄せられた資金で地元の菓子メーカーや店、製薬会社に試作を依頼。これまでに、キクイモのパウダーを入れたパンやチョコケーキ、ジェラート、みそ餅、ゆべし、そば、漬け物、サプリメントなど多彩な商品が誕生しました。

そして、クラウドファンディングに参加したことで、「キクイモが体によいということを知ってくださる人、応援してくださる人ができたことがとても大きな収穫だった」（飯澤さん）といいます。

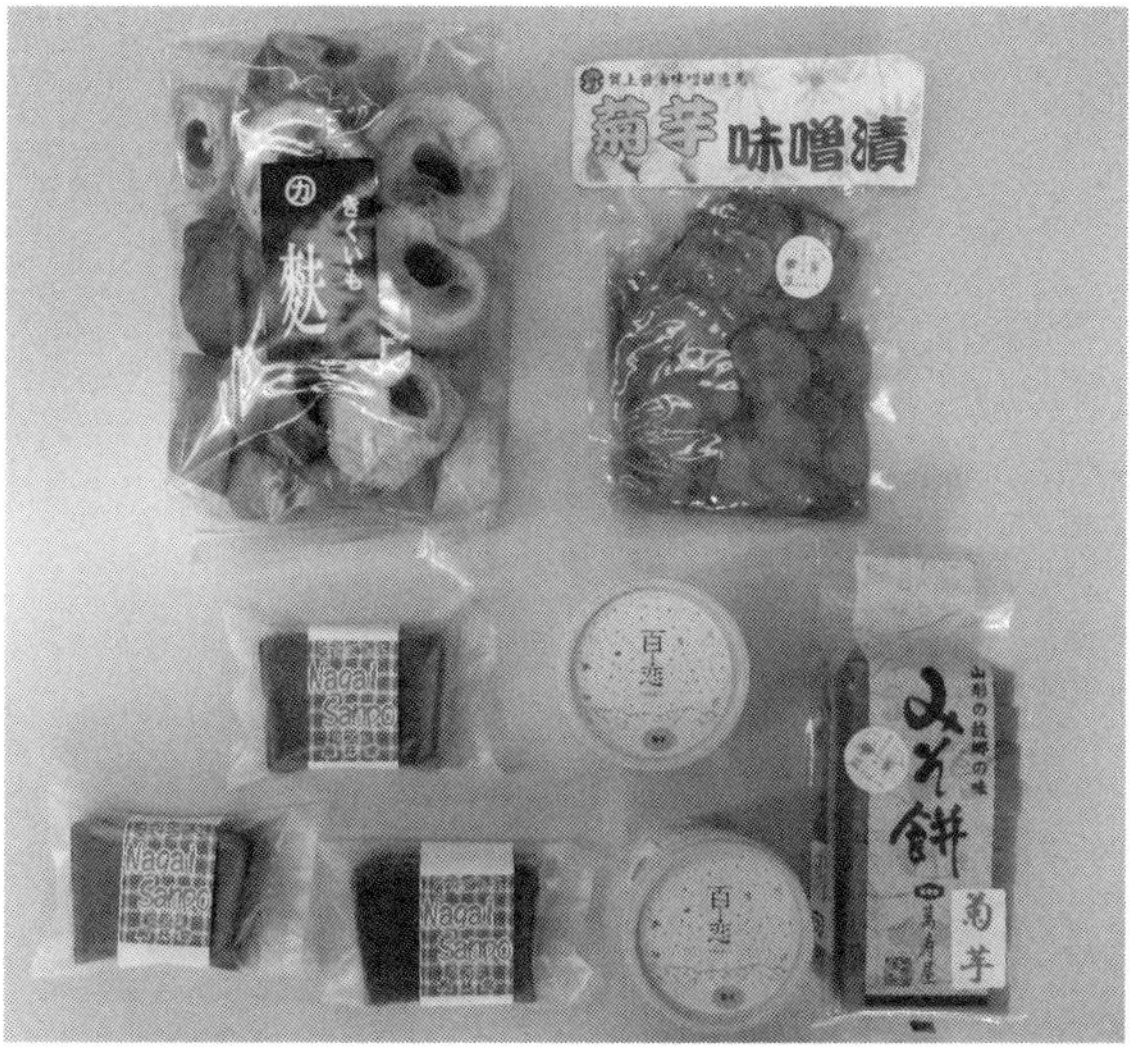

キクイモの風味が活きるように、商品開発も試行錯誤。

キクイモの認知が低い理由の一つに、生のキクイモが常温や普通の物流のなかでは傷みやすく、広く流通しにくいということがあります。最近、テレビや雑誌で取り上げられることも増え、それなりにキクイモの名前も栄養価の高さも広まってきていますが、それでも認知度はまだまだ高いとはいえない状況。クラウドファンディングは長井のキクイモ認知を高めるのに大事な役割を果たしたようです。

さらに、キクイモやキクイモを使った商品を食べた消費者から「おいしかった」「体調が良くなった」など具体的な体験談が寄せられ、口コミでじわじわと、そして着実に消費者に伝わっています。

さまざまな試行錯誤

キクイモ関連商品のキクイモ乾燥チップス、粉末、サプリメントのオリジナル商品を長井菊芋研究所で製造、販売しています。長井の乾燥チップスの一番の特徴は香ばしさ。何回も試作を重ね、2段階乾燥という方法にたどりつきました。

麩やそばに用いる際のキクイモ粉は、キクイモの味の特徴が活きるようにと、製造業者が粒の大きさにもこだわり、何回も試作。サプリメントも、「飲み込む」のではなく「噛んで食べる」ことでキクイモの主成分イヌリンの効能がより発揮されるとして、食べやすい固さに仕上げるまで試作が重ねられたといいます。

そして、そうしたこだわりを陰で支えたのが、市内の設備業者。たとえばキクイモの乾燥機械は、設備業者の長年のノウハウを活かし、独自に設計されたものです。長井はものづくりのまちとしても知られ、製造業が盛んな地域。まさに、オール長井。

軟水に育まれた地
長井市から
健康をお届けします
きくいも
新鮮な菊芋が乾燥チップスと
粉末になりました!
農薬・化学肥料不使用
合同会社 長井菊芋研究所

おいしいキクイモ栽培がすべての基本

２０１５年、長井菊芋研究会が立ちあがった年、78アールしかなかったキクイモ畑は、今年２０１８年には２２０アールにまで増えました。いかに協力者が増えてきたかがわかる数字ですが、生産者が増えてきたことでキクイモの質にばらつきが出ないよう、栽培に関して「申し合わせ事項」を取り決めています。栽培地の条件、畔幅や株間、化学農薬と化学肥料の使用は不可、米ぬかなど植物性の有機肥料を使うこと、など。質の高い、おいしいキクイモを安定して提供するための、工夫と努力です。

さらに、キクイモは傷みやすいため、収穫してから消費者に届けるまでの保管方法が重要なポイントになるとして、土のつき具合、コンテナ収蔵の方法、冷蔵庫の保管温度など多面から研究を重ねています。

品質へのこうした熱意と努力はレストラン業界にも伝わり、東京ステーションホテル（東京駅）、資生堂パーラー（東京・銀座）、ホテルメトロポリタン山形、ホテルメトロポリタン仙台、「日本の宿　古窯」（山形県上山市）などのレストランで提供される料理用にと選ばれています。

「キクイモといえば長井」をめざして。長井菊芋研究所の挑戦は今日も続きます。

◆合同会社長井菊芋研究所の商品および生芋、その他、関連商品は次のお店で買うことができます。

［**道の駅　川のみなと長井**］（山形県長井市）

＊乾燥チップス、粉末、サプリメント
＊生のキクイモ（11 月～ 4 月予定）
＊菊芋味噌漬、きくいも麩、キクイモ入りジェラート「百恋」、菊芋入り味噌餅（秋から冬の季節限定商品）

［**市民直売所　菜なポート**］（山形県長井市）

［**米織観光センター**］（山形県高畠町）

［**めざみの里観光物産館**］（山形県飯豊町）

＊乾燥チップス、粉末、サプリメント
＊生のキクイモ（11 月～ 4 月予定）

［**タスパークホテル**］（山形県長井市）

＊乾燥チップス、粉末、サプリメント
＊キクイモ尽くし御膳「菊寿」（11 月～ 4 月予定）

［**風林堂**］（山形県長井市本町）

＊菊芋チョコケーキ「Nagai Sanpo」

［**山形県アンテナショップ　おいしい山形プラザ**］（東京都中央区銀座）

＊乾燥チップス、粉末、サプリメント
＊生のキクイモ（11 月～ 4 月予定）

［**早稲田自然食品センター**］（東京都新宿区喜久井町）

＊乾燥チップス、粉末、サプリメント

大学発の技術とキクイモ商品で佐賀を健康県に

佐賀大学機能性農産物キクイモ研究所（佐賀県佐賀市）

実は佐賀県は、高血圧性疾患による人口別死亡者数や、糖尿病等にともなう慢性人工透析患者数の伸び率が全国ワースト上位の常連県なのだそうです。喫煙率が高いわけでも、ＢＭＩの平均値が高いわけでもなく、その理由はまだ解明されていません。とはいえ、糖尿病予防、血糖値の低下、高血圧予防に向けた対策は急務。そこで研究に乗り出したのが佐賀大学です。機能性食品や化粧品開発をキーワードに植物素材の面から研究を行なっている農学部の松本雄一研究室が中心となって、機能性農作物キクイモ研究所がプロジェクトとして立ちあがりました。

ある調査によると、佐賀県にはキクイモの自生地が山地を中心に広くあり、そのうちのいくつかの地域では栽培もされ、食用として直売所などで販売されています。また、佐賀郡富士町の女性林業研究グループの山野草つみ草料理愛好会が、月に１回開催している例会では野草を食材とした会席料理「菖蒲ご膳」をつくっていますが、秋はキクイモが食材として使用されるそうです。

それなのに、県全体でみれば知名度が低く、食べ方もほとんど知られていない。加工食品などの商品も少ないのが現状です。その問題点を解決して、安定的にキクイモや商品を供給し、県民の健康に役立てようと、農学部と医学部が協力しあって、この問題に取り組んでいます。

「いいキクイモがとれたね」。笑顔がこぼれます。

大学内のキクイモ畑。成長すると２m以上の高さになります。

研究ポイント①　キクイモの安定生産のために

佐賀大学では2017年、機能性成分イヌリンを豊富に含むキクイモ「サンフラワーポテト®」の開発と商標登録を行ないました。

松本先生によると、キクイモは他の野菜と違い、国内では「品種」というものがまだ存在していないのだそうです。人工的にかけあわせるということがまだされていない、ある意味、野生種に近い野菜なのだとか。キクイモは全国に自生し、栽培もされていますが、各地にあるものは多くの場合、遺伝子的に異なっており、100〜200はあると考えられています。

キクイモは生育が旺盛で、肥料などはあまり気にしなくてもよいのですが、病気に弱いという弱点があります。そこで、全国から異なる特性を持つキクイモを集めて分析。病気に強いキクイモを選んで、商標登録をしました。これが、佐賀大学ブランドのキクイモ「サンフラワーポテト®」というわけです。地元の連携企業がサンフラワーポテト茶の開発などをすすめており、今後、さらに関連商品が増えていく予定になっています。そこで鍵を握るのが「機能性表示」です。

研究ポイント②　キクイモ加工食品の機能性表示に向けて

現在、佐賀大学では、キクイモ加工食品の機能性表示食品の届け出に向けて準備がすすめられています。機能性関与成分はもちろん、イヌリン。整腸作用や血糖値の上昇抑制などが想定されています。

機能性表示食品とは、事業者が自らの責任によって、科学的根拠を基に、「おなかの調子を整えます」「脂肪の吸収をおだやかにします」といった機能性を食品に表示できる食品のことで、そのルールなどが制度として決められました。健康の維持や増進に役立つ情報を食品に表示することで、消費者が選択する際の参考にできるようにという目的ではじまったものです。

機能性表示食品への届出には科学的根拠のある論文などを添付しなければなりませんが、人

「アグリビジネス創出フェア」に出展し、佐賀大学の取り組みを紹介。

への健康効果は、人が摂取しデータをとる必要があることから、医学部が担当します。キクイモをどのタイミングで食べるのがよいのか、調理法、分量、回数など、肝臓・糖尿病・内分泌内科で臨床研究が行なわれています（↓詳しくは61ページ）。

研究ポイント③　イヌリンの含有量が高くなる栽培技術やレシピ開発

知名度アップのため、スーパーで試食販売。松本先生自ら調理しています。

キクイモの安定生産と同時に重要なのが、イヌリンの含有量。栽培方法や貯蔵方法などでデータをとり、もっともイヌリン含有量が多くなる技術や、その高成分含量を維持する貯蔵法の確立に向けて研究がすすめられています。

現在のところわかっている一番重要な要素は収穫時期。10月、11月に収穫したときの含有量を10とすると、2月、3月には5程度にまで落ち込むことが確かめられています。11月頃になると葉っぱが枯れていき、ここからはイヌリンがつくられなくなっていくので、イヌリンが減っていく一方なのだそうです。

では収穫してしまえばいいのかというとそうではなく、日中の温度が高いと、イヌリンを分解する酵素が働いてしまい、含有量がどんどん減って、品質が落ちてしまいます。佐賀県は10月、11月はまだ日中はあたたかいため、収穫したキクイモは新聞紙にくるんでビニールに入れて冷蔵保存するのがよいとのこと。冷蔵によって酵素の働きが鈍るので、イヌリンが減りにくくなるそうです。

また、イヌリンは加熱しても失われにくい一方、水に溶けだしやすい性質があるため、効果的なレシピの開発にも取り組んでいます。

健康課題の解決と地域産業活性化に向けて

大学が研究する事業ということで、3カ年計画や期待される成果など資料を見ると堅い言葉が並んでいるのですが、その思いはシンプル。高血圧や人工透析関連の数値、全国ワースト上位という不名誉な状況は返上して、地域を健康にしたい」「キクイモの生産農家が増え、機能性表示食品として、生のキクイモや関連商品が売れていけば、地域の産業にも貢献できる」ことに尽きます。また、食品としての利用以外に、キクイモ成分の化粧品への応用研究もはじまっています。研究では葉っぱにも注目。抗酸化物質などでいくつか新しい物質も見つかっており、将来、キクイモ成分入りのせっけんや化粧品が出てくるかもしれません。健康効果だけではなく、美容の面でもキクイモ効果。佐賀大学の研究によって、キクイモの可能性が広がっています。

地域の健康課題を解決するために。
生産者や地域企業との大事なミーティング。

寄稿
キクイモによる血糖値低下の臨床研究

佐賀大学医学部　肝臓・糖尿病・内分泌内科
高橋宏和　中島茜　安西慶三

キクイモの摂取は人体にさまざまな影響を与えると考えられています。とくに、肥満の糖尿病予備群の患者や、それが進行した２型糖尿病患者にとって、キクイモに含まれるイヌリンは高血糖を改善する治療の一助となる可能性を秘めています。欧米で行なわれた過去の臨床試験で、１００ｇ前後のキクイモを継続して摂取することによって血糖値が改善することがすでに報告されています。

血糖値とは血液中のグルコース（ブドウ糖）の濃度のことで、体内におけるグルコースはエネルギー源として重要な物質であり、エネルギー源として適切に利用されているとき、血糖値は正常値の範囲内にあります。食事で炭水化物を摂取すると血糖値は上昇しますが、膵臓から分泌されるインスリンの働きによって、筋肉や脂肪などに糖が取り込まれて、血糖値は低下し、正常値に戻ります。

ところが、糖尿病予備群の患者や2型糖尿病患者ではインスリンの働きが低下しているため、筋肉や脂肪などでの糖の取り込みや代謝が低下し、高血糖となります。初期症状としては、食後高血糖が初めに認められるだけだったのが、糖尿病が進行すると、空腹時にも高血糖を認めるようになってきます。

キクイモに含まれるイヌリンは、体内でのインスリンの働きを改善する効果がこれまで報告されており、キクイモによる血糖値低下のメカニズムとして考えられています。また、キクイモに含まれるイヌリンは水溶性食物繊維として機能し、小腸での糖分の消化吸収を緩やかにする効果も動物実験で報告されています。

キクイモによる血糖値の改善にはさまざまなメカニズムが考えられていますが、一方で一回の食事において、どのタイミングでどのくらいの量のキクイモを摂取すればよいかは不明でした。

そこで、われわれは佐賀大学農学部と共同で、糖尿病予備群の患者を対象に臨床試験を行ないました。ポイントは「摂取する時間」「量」「キクイモの形状」。患者に、「米飯200gを摂取する15分前」または「米飯の摂取と同時にキクイモを50g〜

１５０ｇ」摂取してもらい、血糖値を測定。この結果、「食事の15分前にキクイモ１５０ｇを摂取」した場合に、米飯による血糖値の上昇が20㎎／dlほど抑制されることがわかりました。キクイモは、うす切りよりも、すりおろしたほうがその効果が顕著でした（図）。

このときの血中インスリンは、米飯のみを摂取した場合とほとんど変化がなかったことから、キクイモによる（一回の食事における）短期的な血糖低下作用はインスリンの作用とは別のメカニズムが関与していると予想しています。

これらの成果を第61回日本糖尿病学会学術集会「機能性農作物であるキクイモの耐糖能異常改善効果の検討」（中島茜ら）で発表。現在、食後血糖低下のメカニズムをさらに解析するため、キクイモ摂取後の患者血液を分析しています。

また、キクイモが脂質の代謝に与える影響は未知であり、現在、臨床試験を計画しているところです。

（図）キクイモのすりおろし（左）と薄切り（右）に梅肉ペーストを合わせたもの。食後血糖の低下作用はすりおろしたキクイモのほうが高かった。

キクイモで地域を健康に、地域農業も守る

徳島県美馬つるぎ地区キクイモ栽培加工消費研究会（徳島県美馬市）

「この芋、うちにもあるワ」

キクイモ栽培加工消費研究会の会長、三笠桂司さんが、初めて、キクイモを直売に出したとき、お客さまや他の作物を育てる生産者からこう言われたそうです。徳島県も他地域と同じようにキクイモ自生地があり、漬け物などで食べられてきた地域もあります。あるいは、自家消費用につくっていた生産者もいましたが、いろいろな料理に使えることや栄養価が高いことを知らない人が多かったというのです。

高齢化、休耕地の増加。地域の課題解決に向けて

電機メーカーに勤めるサラリーマンだった三笠さんは、第2の人生、そして生涯の仕事として農業を選び、２０１１年、58歳で早期退職しました。

認定農業者の資格を得るため講習会に通い、農業経営の規模、労働時間や所得の見込みなど農業経営に関する５カ年計画をたて、提出。無事、認定を受けます。認定農業者になろうとした理由には、新規就農者にも門戸が開かれていること、補助金の優遇措置や税制の特例が受けられることなどの他に、集落営農も法人化すれば認定の対象となること、がありました。

三笠さんが住む徳島県美馬市の東俣地区は標高２００～３００ｍ、四季折々の美しい景観に彩られる渓流沿いの中山間地域。山の斜面や山間の平地をうまく利用した田畑に民家が点在し、日本らしい里山の風景が広がる地域です。しかし近年は高齢化、過疎化が進み、休耕地や耕作放棄地が年々増加し、地域の課題となっていました。三笠さんは退職した年の12月、32戸の農家を集めて「東俣営農組合」を設立。農作業を共同で行なうなど、地域で農業を営みやすい環境の基盤を整えていきました。

地形を活かしただんだん畑

「キクイモに惚れた」。農家仲間と会を結成

「はじめはキクイモで商売する気はなかったんです」。自宅の畑の片隅で野生のキクイモを見つけ、調べてみたら、血糖値を下げるイヌリンなどの栄養価が高いことがわかりました。三笠さんは主に自宅用としてつくり始めます。そのうち、何となく体調がよくなってきたような気がしてきて、からだも軽くなったような……と。

実は三笠さん、サラリーマンを辞めた頃の体重が94kg、中性脂肪などの数値も悪く、医師からも注意を受けていました。たまたま畑で見つけてつくり、食べはじめたキクイモでしたが、1年経つ頃には、94kgあった体重は78kgに。中性脂肪の数値も下がったというのです。無理なダイエットをしたわけでも、とくに食事療法をしたわけでもなく、自然に改善されていました。

食べ物がからだをつくる。それを実感できる作物に出会い、キクイモに惚れ込んだ三笠さんは、2012年、仲間の生産者と協同で、徳島県美馬つるぎ地区キクイモ栽培加工消費研究会を結成。本格的にキクイモおよび加工品の生産に乗り出しました。

廃校の給食室を借り、そこを加工施設として利用することとし、スライサーや粉砕機、乾燥器は補助金と自己資金で購入。キクイモチップス、キクイモ粉末の生産をはじめました。また、美馬つるぎ地区は半田そうめんの産地でもあります。地元の製麺所に開発を依頼し、何回も試作を重ねて、キクイモ入りそうめんも完成。しかし、キクイモも関連商品もなかなか売上が伸びず、作っても売れない、売り先がないという時期が続きます。

「認知度が圧倒的に低い。これをなんとかしなければ」

地道な宣伝活動が実を結び

三笠さんたち研究会のメンバーは、キクイモの栄養価を説明するチラシやレシピをつくり、試食販売会を開催して配布。ビジネス相談会や観光み

やげマッチング商談会などにも積極的に参加し、キクイモのマスコットキャラクターもつくりました。研究会の会員がデザインして、名称は全国に応募をかけました。北は北海道から南は鹿児島まで、全国から597件の応募があり、その中から「キックル」に決定。「キクイモの輪、くるりと丸い笑顔、大地を蹴り上げ伸びるような元気な姿」を表現したところが、決定のポイントだったそうです。商標登録に出願し、2014年5月に商標登録されました。研究会が販売する商品パッケージにはすべて、キックルが印刷されています。

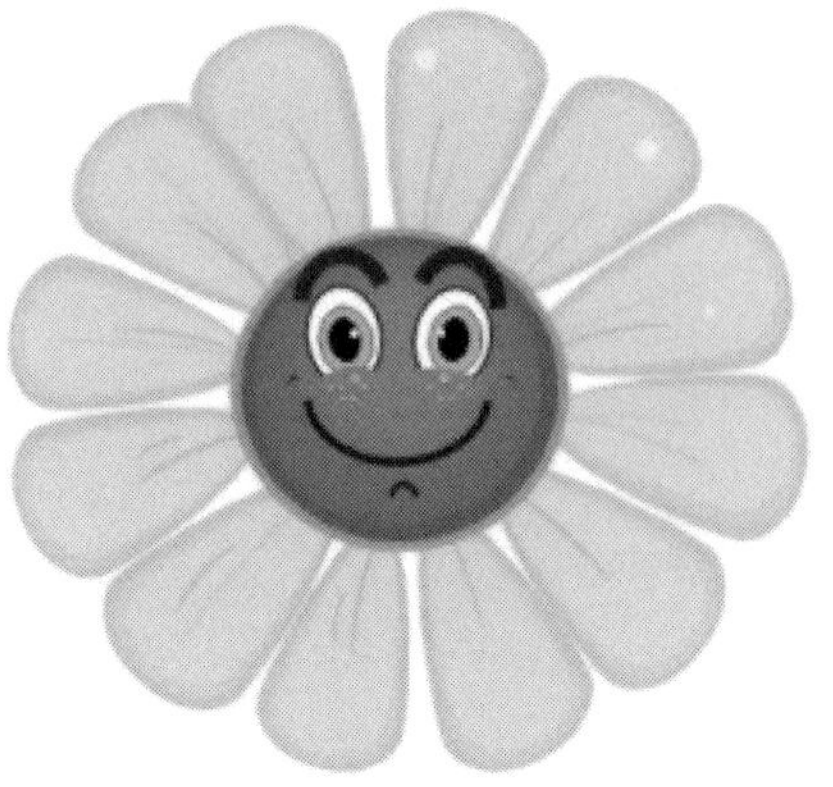
徳島美馬のキクイモマスコット「キックル」。
（登録商標第5669783号）

そうした地道な活動を続けていくうちに、ようやく2017年ごろから商品が売れ始め、顧客も定着してきました。

現在は地域の産直市場「JA美馬ふれあいセンター」に専用コーナーが設けられているほか、地域のスーパー、あるいは楽天、アマゾンなどで買うことができます。

2011年、三笠さんが東俣営農組合を発足させた理由には、過疎化や高齢化により地域の農業が立ち行かなくなるのではという危機感がありました。キクイモは山あいの痩せた土地でも手間をかけずに栽培できる。収穫が11月～３月の農閑期にあたることから、農地と冬場の労力を有効活用することもできます。自分や家族が食べて実感したキクイモの健康効果だけではなく、こうした地域の状況をなんとかしたいという思いもあったのです。

少しずつ売り上げも増えて、農閑期の収入の足しになってきているそうですが、今後はもっと生産量を増やし、地域を守るために特産品として根づかせたいと三笠さんは言います。大地を蹴り上げ、元気に伸びていく「キックル」とともに。

キクイモがつなぐ仲間と地域の輪

JA信州うえだよだくぼ南部きくいも研究会（長野県上田市、長和町）

キクイモの歴史を調べていると、戦後の食糧難時代、各地で盛んに栽培され、さまざまな研究が行なわれていたことがわかります。そのなかに「酒製造に関する研究」がいくつも出てきます。作物をつくると「酒がつくれないか」と思うのは、いつの時代でも同じなのでしょう。

JA信州よだくぼ南部きくいも研究会でもきくいも焼酎「美しの雫」を製造、販売しています。よだくぼ地域は冬は畑が凍ってキクイモが掘れないため、食用や加工用として秋に半分ほど収穫し、残りはそのまま畑で冬を越させ、3～4月に収穫する分を焼酎製造用に割りあてます。それを佐久

きくいも焼酎「美しの雫」

市にある酒造メーカーに持ち込み、秋、新酒として限定販売しています。

焼酎は、その蒸留方法により「甲類」と「乙類」に分かれますが、「美しの雫」は、原料の香りや風味が酒に活きる「焼酎乙類」にこだわりました。さっぱりとして、口に含むとキクイモの味がほんのり広がる味わい。とくに、女性からの評判がよいそうです。

大地と空の恵みあふれた天日干しキクイモチップス

よだくぼ南部地区は、長野県の中東部、上田から南に約20㎞のあたり、上田市武石地区と小県郡長和町（長久保・大門・古町・和田）にまたがる一帯で、まわりには美ケ原高原、浅間山、蓼科山といった美しい山々。標高６００～８００ｍの、水と空気がおいしい自然豊かな中山間地帯です。季節ごとや日中の寒暖差が大きく、それが野菜をおいしくします。キクイモにとってはおいしさもさることながら、イヌリンの豊富なキクイモがつくれるそうです。

今回、お話を伺ったのは、ＪＡ信州うえだよだくぼ南部きくいも研究会事務局の伊藤茂男さん。研究会発足は２００５年。地域のなかで糖尿病の増加や休耕地など、ちらほらと問題の芽が出てきており、そんななか、自宅でキクイモを栽培する人が出てきたというきっかけがありました。

キクイモについて調べてみると、どうやら健康によいらしい、仲間づくりにもなるかもしれない。そうしたことで、ＪＡの組合員組織グループ・生活指導員が中心となって「きくいも研究会」を発足、本格的に生産が始まりました。集まったメンバーは約30人。キクイモのことはわからないことも多いので、これからみんなで研究していこう、というのが名称の由来だとか。

地域でキクイモづくりに取り組んで13年。続けてきてよかったことをお聞きすると、「きくいも研究会の目的でもある仲間づくりや地域おこし、遊休荒廃地の解消などを行なうことができて、楽しみながら会員相互の親睦を深めることができているること。キクイモの加工品の製造、販売ができたこともよかったです」とのこと。

仲間づくりがＪＡ信州うえだよだくぼ南部きくいも研究会の大きな特徴といえるでしょう。

　キクイモの生産作業はもとより、チップスや粉末づくりも、すべて会員による手作業です。チップス用にキクイモをスライスするのも包丁で、３ミリ程度にスライス。スライスカッターを使ってみたり、スライスする薄さもいろいろ試し、試行錯誤を重ねましたが、歯ごたえや風味、その後の利用方法の面でこれが一番よいと判断しました。

　スライスしたキクイモは台に乗せ、寒冷紗（光や温度を調節したり、虫や鳥の食

直売は、消費者の方にキクイモのよさや調理法などを直接伝えられる大事な機会。

害から農作物を守る網のような布）を敷いた上で10日ほどかけて乾燥させます。キクイモは水分が多いので、スライスして乾燥させると、１kgのキクイモが１５０gほどに。天日干しのチップスは、自然の恵みにあふれ、おいしそうです。

　きくいも研究会では、旬の時期の生のキクイモレシピはもちろんですが、キクイモチップスの利用法をもっと増やして、キクイモを広めていきたいと考えています。一番のおすすめはお茶。１・８Ｌに50～60gのチップスを入れて沸騰後10～20分ほど煮出します。チップスの量はお好みでもＯＫ。

　パッケージを見ると、みそ汁や煮物にもと書かれています。和え物や、スパイスをまぶしてフライにしてもおいしそう。包丁で切る３㎜の厚さが、用途の幅を広げているのです。

にぎやかな収穫祭

「このあたりにありそうじゃない？」「わぁ、いっぱい出てきた！」。そんな声が聞こえてきそうな楽しい写真が並びます。秋には地域の子どもたちを交えて収穫祭を

「おぉ、また出てきた！」。手前のかごも、もういっぱいですが、どうやらまた見つけた様子。

「ここにありそう♪」。くわをにぎる手に力が入ります。

開くことも。慣れない手つきながら、がんばってくわを使い、土を掘り、最後は手でキクイモを収穫していきます。女の子だって負けてはいません。どの子の顔も真剣、そして笑顔です。

収穫後の昼食はもちろん、すいとん、サラダ、漬け物、だんごなどキクイモ料理。子どもたちに人気なのは、キクイモドーナツとだんご、だとか。地元の人が愛情込めてつくった無農薬のキクイモをすりおろし、砂糖を加えてつくる素朴なおやつ。おいしくないわけがありません。

きくいも研究会ではこうした活動のほかに、会員の親睦を兼ねて視察研修旅行も実施。実は冒頭で紹介したキクイモ焼酎も、視察で訪れた地域にキクイモ焼酎があり、「きくいも研究会でもつくりたい」ということで始まったそうです。

仲間と地域と健康。よだくぼ南部のキクイモは、素朴さを残しながら、新たな地域の特産品へと育っています。

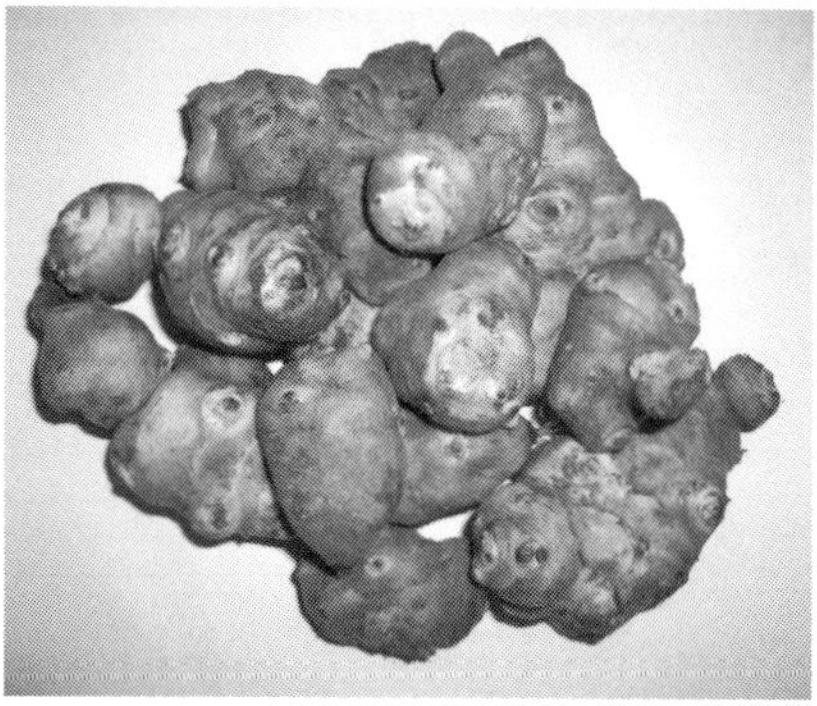

2016年からフランスキクイモを栽培。

徳島美馬地区に咲くキクイモの花

キクイモ事業が描く将来への希望。健康も、復興も

熊本菊芋専門店「ひなた」と生産者の皆さま（熊本県益城町）

からだによいと聞いて、1つ商品を買って、食べたらおしまい。ありがちなことですが、「キクイモはからだに本当によい野菜なので、普段の生活にできるだけ取り入れてほしい。でも、なかなか……。簡単じゃないと続けられないですよね。少しずつでも続けて食べていってほしいので、商品展開を広くしているんです」というのは、熊本菊芋専門店「ひなた」。

キクイモのパウダー、チップス、漬け物、麺類、お茶はもちろん、キクイモ入りのパン、アイスクリームや飴など幅広く展開しています。朝はパン食という人、ごはん食が多い人、あるいは甘いものが好きな人、麺類が好きな人。さまざまなライフスタイル、食事の好みがあるので、そのどこかにキクイモを取り入れてもらえたら、という気持ちで開発を進めてきたそうです。

たとえば、ひなたのキクイモパウダー「きく粉ちゃん」は、料理や汁物、お菓子、

ヨーグルトなどに混ぜたときに、食べやすいように、キクイモの味が際立ち過ぎないようにと、あえて焙煎をかけないで製造しています。くせがないので、料理にまぜて使いやすいと評判です。

２年ほど前から、熊本市内のパン工場とキクイモ粉末を使ったパンの共同開発に取り組んでいます。今後は低体温やアレルギー、その他、生活習慣病の予防につながるように各幼稚園や病院、介護施設などに働きかけていきたいといいます。

腸と食べ物の関係を重視してきた生産者との出会い

株式会社ひなたの設立は２０１０年。多くの人に「からだによいものを届けたい」と考え、40年以上前から腸内細菌に注目し、健康づくりを目標に有機栽培で農業を続けてきた方との出会いがきっかけでした。

人間の健康には腸が非常に重要であると考え、40年以上にわたって有機栽培の野菜づくりを続けてきましたが、始めた当初は「あいつは頭がおかしくなった」と言われ続けていたそうです。しかし、そんな声には負けず、自然を中心としたものの考えで腸と健康と食べ物の関係についても学び続け、土づくりや野菜づくりに活かしてきました。

10年前に、からだに大切な酵素、免疫、ドーパミンやセロトニンといったホルモンが腸でつくられていることなどが解明され、同時に、キクイモの成分が腸に入り、腸内微生物のエサになるという大事な役割を果たすことを知り、「これだ！」と確信、キクイモを生産の中心に据えます。

まわりの生産者にも説明を続け、少しずつ広まり、キクイモ生産仲間がずいぶん増えてきたそうです。

「からだによいものを届けたい」という強い気持ちからキクイモの展開に力を入れていきました。

そんな中、ある生産地の市長が注目し自ら２０１１年からの５カ年事業として、健康促進のための取り組みを始め、そこで評価されることもありました。

現在もまだまだ、キクイモと免疫の関係について研究中です。キクイモの機能性成分イヌリンというと、血糖値やダイエットのことが頭に浮かびますが、その一歩先を見据えての取り組みだそうです。「どんな研究か？　それは企業秘密ですよ（笑）」とのこと。これからの研究成果を待つことにいたしましょう。

熊本地震からの復興に、希望のキクイモ生産

２０１６年４月、熊本、大分を大きな地震が次々と

襲います。14日夜にはマグニチュード6・5の地震（余震）、16日深夜にはマグニチュード7・3の地震（本震）が発生。その後もしばらくの間、大きな揺れが何度も続きました。マグニチュード7・3は、１９９５年に発生した阪神淡路大震災と同規模。「ひなた」のある益城町では14日の余震、16日の本震ともに震度7という大きな地震で店舗も被災し、しばらく他の場所に移っていました。熊本城が激しく倒壊した映像を覚えている方も多いと思いますが、各地で甚大な被害があったのです。

復旧作業は生命にかかわる作業から優先的に行なわれます。被害を受けた農家も多かったのですが、なかでも深刻だったのが水田で、稲作農家でした。水路が壊れてしまい、田んぼに水が引けず、稲がつくれない……。大震災からの復旧、復興というなかで、水路の工事はだいぶ遅れていました。自宅が全壊の被害を受けた人もいて、稲作農家の多くが途方に暮れ、将来を悲観していたといいます。

そういった農家の方たちへ、生命力旺盛で、どんな土地でも、あまり手をかけずに栽培することができるキクイモを生産してはどうかと提案してまわります。まずは生産者の生活が安定して、将来への夢や希望を持てるようにすることが最優先。

「地震で被害を受けた生産者さんが、キクイモをつくり始めて、収入を得ることができ、希望が出てきたとおっしゃってくれました。生産者の生活が安定して、いい野菜をつくる。それを食べて国民が健康になる。とても大事なことだと思います。まだまだ復興半ばですが、これからもみなさんと一緒になって地域の復興と町おこし、里づくりに取り組んでいきたい」

熊本地震では子どもたちの遊び場もだいぶ被害を受けました。お家の畑をお手伝いする兄妹の姿はほほえましいですが、子どもの遊び場も含め、地域みんなが元気になっていけるよう、復興をすすめていきたいそうです。

キクイモの機能性を調べて、バイオ甲子園で日本一
高校生たちのすごい発想と行動力

長崎県立長崎南高等学校　土橋バイオグループ（長崎県長崎市）

食品、環境、生態、畜産、水産、遺伝、化学など、広くバイオ（生物）に関連する研究成果を競う高校生のコンテスト「バイオ甲子園２０１６」において、長崎県立長崎南高校の土橋バイオグループの研究「長崎県農作物キクイモの機能性解明と商品開発」が最優秀賞を受賞、翌年の「高校生バイオサミット２０１７in鶴岡」では厚生労働大臣賞受賞と、いずれも日本一に輝きました。

「バイオ甲子園 2016」で。達成感あふれる晴れやかな笑顔です。

研究論文を読むと、着眼点、目標の具体性、地元への思いなど、大変レベルの高い研究であったことがわ

かります。高校にある実験器具を利用して行なうことでの工夫やアイデア、クラスメートを被験者とするなど、高校生であることのメリットもフルに活用。ヒトへのキクイモ摂取による臨床的な研究は、非常に画期的な研究でした。

悩みも失敗もあった日々

文部科学省は、未来を担う科学技術系人材を育てることをねらいとして、理数系教育の充実を図る取り組み「ＳＳＨ（スーパーサイエンスハイスクール）」を行なっており、長崎南高等学校は２０１３年度より5年間、ＳＳＨの指定を受けています。長崎南高校ならではの題目は、「長崎の地域特性を活かした研究者育成プログラムの開発」です。

「高校生バイオサミット 2017」での展示風景。

その取り組みのなかで、長崎県農産物の生産量が全国屈指であることを知った生徒たちは、農作物の機能性を解明することで付加価値値をつけることができれば、長崎県の活性化、さらには、近年問題となっている生活習慣病の予防につながるのではないかと考えます。キクイモは長崎県で力を入れようとしている農作物のひとつであること、イヌリンという成分の機能性解明に大きな可能性を感じて、研究の対象として選び、研究をスタートさせました。

しかし最初から研究がうまくいったわけではなかったようです。キクイモを食べさせていたマウスのフン量が多くなることは確認できていたものの、そこから先、どう展開していけばよいのか、行き詰まっていた時期も。２０１５年度に長崎南高校に赴任してきた土橋敬一先生は、生徒たちと面談しながら、研究の方向性を探っていきました。そうして、「なぜフン量が増えたのかがわかれば、健康に良い結果を出せる食品開発ができるのではないか」など、方向性を見つけていきました。

研究再スタート。長崎県産キクイモの機能性をマウスで実験

マウス実験を再スタートさせ、３カ月間、毎日、摂取量とフン量、体重増加量を測定。その結果を「ネズミの飼育実験と食品試作品発表」としてまとめ、長崎県科

学研究発表大会で研究結果を発表しましたが、このときは上位大会進出も果たせずに終わります。しかしこれは、次に進むために必要な大きな一歩でした。研究はどんどん繊細に、精密になっていきます。

「バイオ甲子園」「バイオサミット」で発表された研究論文をみると、マウスに与える食事を「高脂肪食」「高脂肪食＋キクイモ粉末５％」「高脂肪食＋キクイモ粉末10％」の３つのグループに分け、４週間飼育。コレステ

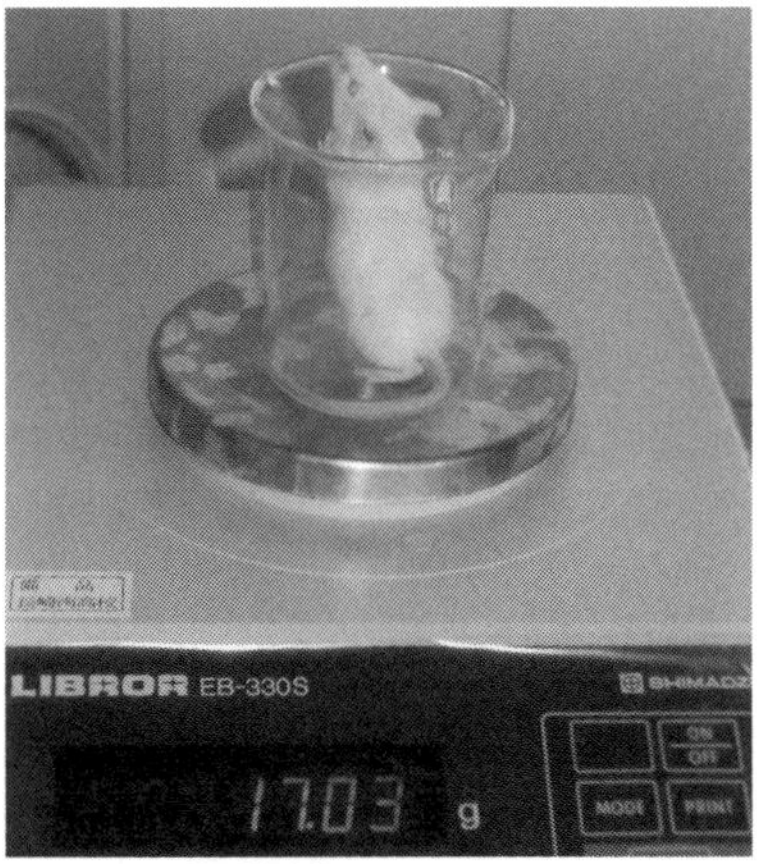

マウスの体重測定。

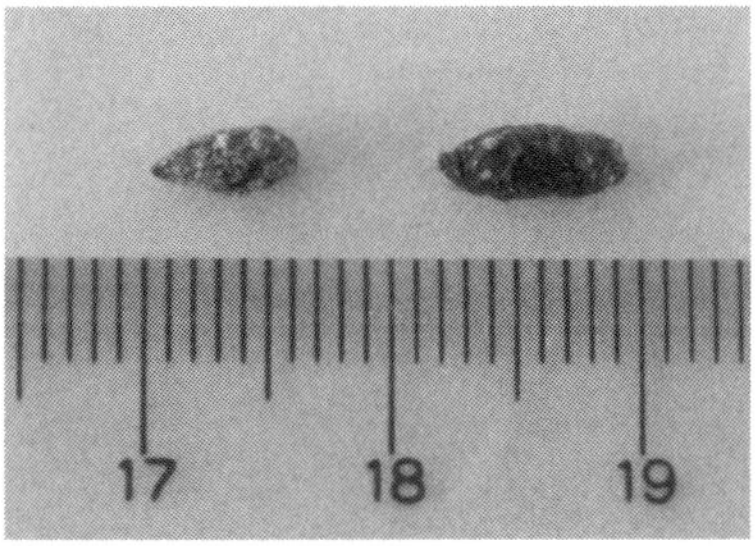

フン量の比較。

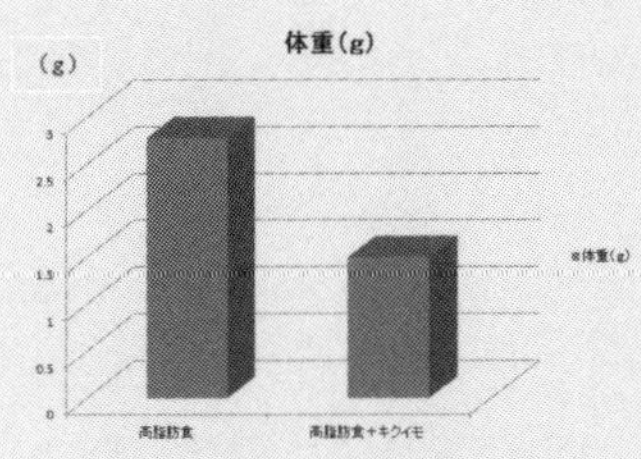

図７　体重の平均変化量

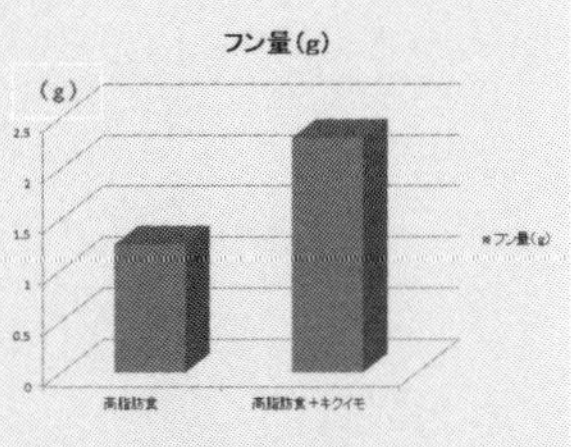

図８　フン量の日平均

ロール値やフンの中に排出される脂肪量などを測定しています。

しかし、学校の生物実験室を使用しての実験。フン中の脂肪量を測定する装置などありません。試行錯誤の末、土橋先生と生徒たちは、脂肪をエーテルで抽出後、エーテルを気化させ、残った脂肪量を計るという方法を開発。その結果、キクイモには「肝臓コレステロール低減効果」「フンへの脂肪排泄を高める効果」「便通促進デトックス効果」があることが確かめられました。

次は、ヒトへの臨床試験です。

ここがすごい① ちゃんと食べてもらうために「おいしいお菓子」を開発

「(実験は)自分たちと同じ、高校生でやってみたい」。土橋バイオグループの生徒たちは考えました。

ヒトに対する臨床試験となると、被験者の選択基準、試験方法、安全性、インフォームド・コンセント、個人情報の取り扱い、被験食品の有効性と予想される副作用、摂取中止条件などさまざまな項目を明記した実験計画書が必要になります。計画書づくりをはじめ、倫理委員、教育委員会への申請、被験者への説明会など、ＳＳＨ指定校となっている長崎南高校でも、過去にはない研究活動。長崎県立大学シーボルト校看護栄養学部の田中一成先生にも協力を仰ぎ、実施計画書を作成しました。

被験者はクラスメート。キクイモを決められた時間に、決められた分量を、きちんと食べてもらわないと、実験になりません。自分たちと同じ高校生にそれをしてもらうには……「おいしくなければ、続かない！」。そこで、実験につかう食品を「焼き菓子」にすることを決めます。めざすは、「南高版カロリーメイト」。

最初の試作品は固くておいしくなかったそうです。そこで、長崎県立大学の調理の先生の指導も受けながら、試作を繰り返します。しかし、まだ何かが足りない。そこで次は、地元企業、創業２００余年の菓秀苑森長（カステラ、おこし等）を訪ね、指導を仰ぎます。

そしてようやく、キクイモ焼き菓子の製品化にこぎ

事前に生徒への説明会を実施。

つけました。
しかしそこで留まらず、製品化した試作品の完成度を上げるために、長崎県機能性食品開発セミナーに出品し、食品開発のプロからもアドバイスを受け、本当においしく、高校生があきずに食べられる焼き菓子が完成したのです。

南校版カロリーメイトの完成！

「彼らはどんどん考えて、どんどん行動しました。専門でやっている人間でも、なかなか難しい。ひとつひとつプロセスを進めながら、製品として成立するものができました。自分たちの発想のなかで進めていったことが素晴らしかったと思います」（長崎県立大学、田中先生）

ここがすごい② 食べてもらう時間帯の工夫

被験者に食べてもらう時間は、①「午前中の授業と授業の間」、②「部活動に参加する前、あるいは（部活がない場合）帰宅前」に設定されました（休日は、平日とほぼ同じ時間に摂取）。

　高校生の生活は、授業、朝練や部活、補習などそれぞれに忙しい毎日です。①午前中の授業と授業の間は、ちょうどおなかが空く時間帯。焼き菓子には糖分が含まれているので、その頃に食べることで空腹も満たされ、頭が働くようになります。②の部活前に食べることで焼き菓子はエネルギー源に。食べてもらう時間帯も、食べることのメリットも、よく考えられて設定されたものであることがわかります。

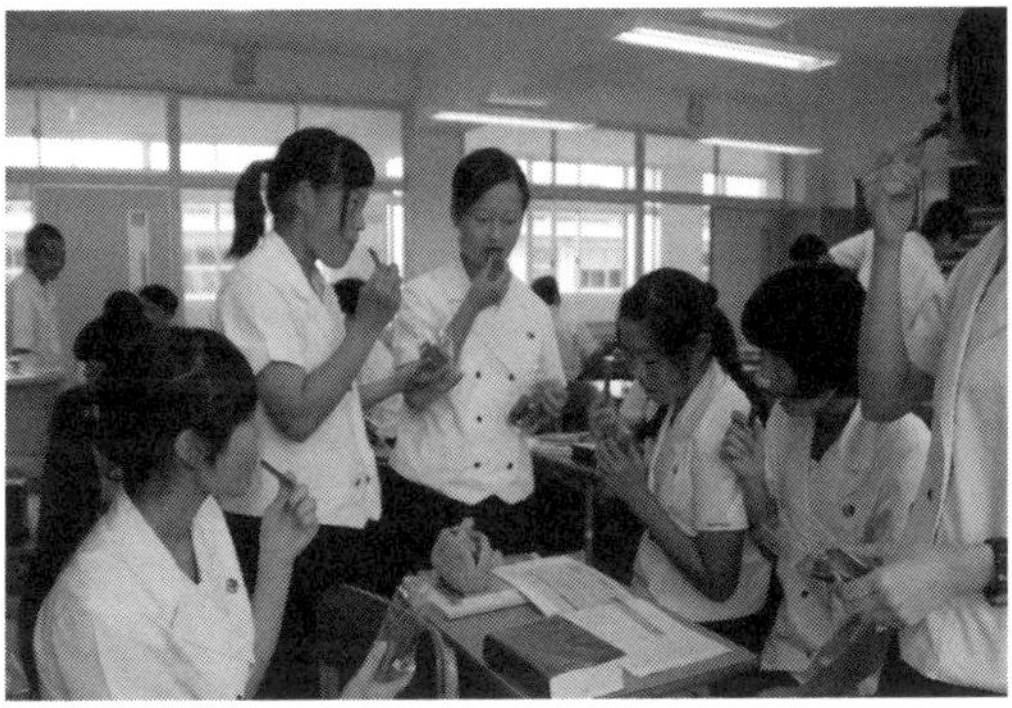
決められた時間に、決められた分量を食べる。でもちゃんとおいしく、みんなで楽しくということも大事。

　実験では、「キクイモ粉末を混ぜて作った焼き菓子」と「キクイモ粉末を含まないプラセボ焼き菓子」を準備。被験者を2群（A・B）に分け、A群には最初の14日間を「プラセボ焼き菓子」、7日間の休止期間を挟んで、次の14日間は「キクイモ焼き菓子」。B群はその逆。どちらのグループにも、どれが「プラセボ菓子」で、どれが「キクイモ菓子」かは知らせずにやるという方法で行なわれました。

被験者には「排便状態」を記録してもらいます。便の量、形状、におい、出やすさなど。その結果、8割の高校生が「便通がよくなった」と答え、具体的な効果としては、排便回数の増加がもっとも多く挙げられたそうです（論文の考察によると、「イヌリンが、高校生に不足していた食物繊維量をカバーしたことで便通促進効果が表われたと考えられる」と、その理由を挙げています）。

ここがすごい③　一過性の流行で終わらないために

マウスとヒトへの研究により、長崎県産キクイモには肝臓コレステロールの低減、脂肪の排泄促進、便通の改善という機能性があることが解明できたと、論文の結論に記されています。

「便通を改善し、健康に貢献できるという科学的根拠を持った食品を開発したことは、消費者の健康維持に貢献できると考える。これまで特産品を含有した数々の食品が販売されては消えていってている。珍しいだけの一過性の消費で終わってしまっていることが原因である」とし、自分たちの研究によって、キクイモやキクイモ商品が珍しいだけの一過性のもので終わるのではなく、続けて食べてもらうことで、消費者にとっては健康増進につながり（しかも、おいしく食べられて！）、キクイモがより広く認知され、消費も拡大。生産者や地元企業の活性化につながることを期待している、と論文を結んでいます。

「バイオ甲子園」「高校生バイオサミット」で日本一という晴れやかな出来事の裏には、実験をコツコツと地道に、そして課題にぶつかったときには、ひとつひとつていねいに解決にむけて試行錯誤、努力した日々の積み重ねがあったのです。研究に取り組んだ生徒のひとりは、こう語っています。

「たくさん悩んだり、たくさん失敗した毎日でしたが、すごく充実していました。なぜなら、日々努力する毎日は自分を大きく成長させてくれたからです。…（中略）…。そして自分たちの研究成果をたくさんの人に評価してもらい、受賞という形で日々の努力が実を結んだ時、自分たちの研究はこんなにも価値あるものなんだということを実感し、自信にもつながりました」

高校生たちの研究が地域を動かしはじめた

今回の研究での重要なアイテム、焼き菓子に使用したキクイモの粉末を無償提供したのが、長崎県諫早市の「いさはや農産物研究会」です。会のメンバー農家のおひとり、木下まゆみさんにお話を伺いました。

「キクイモはまだあまり知られていないので、広く皆さんに知ってほしいという気持ちもありましたが、それよりも、若い人たち、高校生がキクイモの研究に取り組んでくれるというのが、とてもうれしかったです。よろこんで提供させてもらいました」

いさはや農作物研究所では6年ほど前からキクイモの生産をはじめ、この自社農園でとれたキクイモのみを使用して、チップスや粉末も自社工場で加工しています。実験で使用された焼き菓子は、もちろん、木下さんも試食したそう

製品化した試作品の完成度をさらに上げるために、長崎県機能性食品開発セミナーに出品。生産者や地元企業の方からアドバイスを受けた。

です。

そして、長崎南高校の生徒たちによる研究がきっかけとなり、地元企業ではキクイモパン、キクイモピザ、キクイモ麺など新たな商品開発も始まったとのこと。長崎県立大学の田中一成先生の研究室でも、キクイモの葉の機能性の研究に取り組んでおり、ポリフェノールのルチンやクロロフィルが多く含まれることがわかったということです。研究が進み、葉も有効利用できれば、キクイモは「捨てるところがない作物」になるのです。

研究論文の最後「研究を通して感想と謝辞」は、こう結ばれています。

「高校生でも、研究活動を通して人・社会に貢献する成果を出すことができたことにやりがいを感じた。これからも科学の力を活用して、生産者、地元企業、消費者を笑顔にしていけるよう、大学へ進学し、さらに深く研究活動を行なっていきたい。これまでこの研究に関わってくださった皆様に感謝申し上げます」

〈北海道では、こんな動きも〉

「キクイモ学会」ともいえる

北海道キクイモ研究会

北海道産キクイモの生産方法の改善、機能性研究、加工技術、製品開発、販路・流通戦略などについて産官学で情報交換を行なうとともに、キクイモ栽培にもっとも適している北海道の気候を活かした北海道産キクイモの普及に努めることを目的として、２０１３年６月に設立されました。

会長に永島俊夫氏（東京農業大学名誉教授）、副会長に荒川義人氏（札幌保健医療大学教授）、６人いる幹事には、北海道産韃靼そばの店「長命庵」の森清代表取締役や元北海道農業研究センターフェローの吉岡真一氏、合同会社新しのつフーズ代表社員の本間義臣氏、株式会社機能性植物研究所代表取締役の樋口央紀氏など、さまざまな分野の専門家が就いていています。

研究会では、講演会やセミナー、試食会を年2〜3回開催。また、専門家を招いたり、研究会構成員の学識経験者、生産者による研究発表なども行なっています。

これまでの主な活動に、
・２０１３年９月「キクイモの生産・加工・流通の現状」
・２０１４年12月「斜里産キクイモの製品化及び販売展開」
・２０１５年２月「道産健康食材キクイモの特長とブランディングの話」
・２０１６年12月「キクイモの遺伝資源評価と加工利用」
・２０１７年８月「キクイモに関する消費者対面アンケート」（札幌市地下街で実施）
・２０１８年４月「キクイモの機能性と加工利用」
などがあります。まさに、キクイモ学会の如しです。

事務局長を務める中山武雄氏（株式会社食彩北海道代表取締役）から、北海道キクイモ研究会について一文をお寄せいただきました。

◆◆◆

北海道キクイモ研究会は設立６年目に入り、地道に着実に活動を続けております。決して大きな組織ではありませんが、良質な北海道産キクイモ栽培をめざして、キクイモ事業のそれぞれの分野に少しでもお役に立てればとの思いで、日々、研鑽しております。会員構成の内訳は、学術経験者、機能性専門職、生産者、加工・販売業者、国・道職員。

この会員構成でもわかるように、さまざまな分野の人たちが集まっています。学術的・科学的に、技術的に、納得できるエビデンスを求め、生産者、加工業者、販売者の意見を共有しながら、新しい展開を作り出そうという集合体です。いわば、情報交換の場、互いの勉強会であるといえるでしょう。

キクイモ研究会そのものが会員の皆様と一緒になって、共同作業でキクイモ事業に取り組んでいるものではありませんが、会員全体の利益を導き出すものがあれば、そのつど、協議しながら全体で取り組むこともあります。

たとえば、2016年には産学官連携の視点から、北海道科学技術総合センター（ノーステック財団）とタイアップして、「発酵玉ねぎ味噌で漬けたキクイモの漬け物」と「キクイモ入り韃靼そば」の2点を商品開発いたしました。会員の加工業者が引き継いで、現在も販売中です。今後の予定としては、北海道キクイモのブランド化を検討していきたいと考えています。

◆ ◆ ◆

これまでの活動を見ると、「加工」についての講演や発表が多いことがわかります。「キクイモの普及には加工がとても重要なんです」というのは、会長の永島俊夫氏。

キクイモが近年、注目されている最大の理由は、イヌリンの利点がわかってきたからです。しかし、キクイモは保管や流通が難しい。収穫したまま、生の状態だと、空気中の酸素と反応して成分が減少してしまいます。このことがキクイモが一般に流通しにくい、消費者に認知されにくいという最大の原因です。だから、加工が重要になってくるのだといいます。

キクイモをつかった商品開発と、それぞれの商品に適した加工の技術。そして、一番大事であり、基本になるのは、いいキクイモを安定して生産すること。

「生産者が意欲をもってキクイモを栽培できるように、北海道キクイモ研究会として、キクイモの栽培から、加工、流通にいたるまでトータルなサポートをしていきたいと考えています」（永島氏）

企業も注目しはじめた「キクイモ」

お茶の多彩な魅力をおおぜいの人に伝えたい。その思いで20年以上にわたり、世界中のおいしいお茶を取り扱ってきた株式会社ルピシアから、２０１８年夏、「国産キクイモ茶」が発売、全国展開されました。

紅茶、日本茶、烏龍茶、フレーバードティー、ウェルネスティー（お茶の木以外の植物の葉や茎、根などからつくられる健康にいいお茶）など、年間４００種以上のお茶を取り扱うルピシアも、キクイモに注目。

北海道産のキクイモをつかい、香ばしく焙煎されています。焙煎を監修したのは興梠《こうろぎ》洋一さん。農林水産大臣賞など数多くの受賞経験を持つ、釜炒り茶の名人として知られる方です。

興梠さんが火入れを担当するにあたって一番気をつけたのは「おいしさ」。キクイモならではの個性、ほっこりとした甘みや花のような香りの特徴が、焙煎の火入れでなくなってしまわないようにと、気を配ったとのこと。お茶を加工するのは、北海道・ニセコにあるルピシアの自社工場です。収穫して新鮮なうちに加工することで、キクイモの主要成分イヌリンも豊かに含まれています。

技術面を支えたのは、東京農業大学名誉教授であり、北海道キクイモ研究会会長の永島俊夫氏。食品加工の専門家である永島氏によると、キクイモの主要成分イヌリンは水溶性なので、お茶で摂取することはとてもよい方法なのだそうです。お茶を出したあとの残りにも繊維が豊富に含まれているので、捨てずに、サラダや和え物にして食べてほしいと教えてくれました。

「ルピシアのような世界的な企業が注目してくれたことがうれしかったですね。キクイモが全国に広がるきっかけになってくれることを期待しています」（永島先生）

「国産キクイモ茶」
ティーバッグ 10 個入：670 円
30 個入：1,340 円（いずれも税込）＊ 2018 年 10 月時点の商品内容および価格です。

写真提供 lupicia

第4章
キクイモの歴史

船に乗ってやってきた帰化植物、キクイモ

よその国から渡ってきて、野生状態になった植物を帰化植物と呼びます。それも、鳥や風が運んだものではなく、人間によって運び込まれたものを帰化植物というのだそうです（意図的に持ちこまれたもの、偶然持ち込まれたものも含む）。現在、日本にある植物、約４０００種のうち、帰化植物は約１２００種もあり、キクイモはそのうちの１つです。キク科の花はどこか日本的で、古来より日本にあるような感じがしますが、幕末のころ、人の手によって持ち込まれ栽培されたものです。地中の塊茎で増えるその旺盛な繁殖力で、畑のすみや道ばた、山のふもとなど日本各地で野生化して残っているのです。

原産地は北アメリカ。17世紀にはヨーロッパに渡り、フランスやイギリス、ドイツなどで栽培されました。18世紀にヨーロッパを相次いで襲った飢饉では多くの人を救い、「食のルネサンス」と称されたという逸話があり

ます。

日本に入ってきた時期には諸説あり、その1つが、1859（安政6）年、イギリス駐日総領事として来日したR・オールコックが持ち込んだという説。明治の農学者であり、青山学院大学や筑波大学付属盲学校の創立にも関わった津田仙が『農業雑誌』（1876〈明治9〉年発行号）に書き残しています。

オールコックは宿所だった高輪の東禅寺の境内で栽培。たくさん収穫できたことを喜び、自分で調理し、当時の老中、安藤対馬守に試食してもらい、日本人に有益だからと栽培をすすめたと記されています。

また、後述する『大日本農会報告　第十号』には、キクイモの命名者、田中芳男が、「文久元年（1861）頃、外国人が横浜に持ち込み、それを食べた切り屑が繁殖して始まった」ということを書いています。おそらくどちらも本当で、幕末のこの頃、日本にやってきた外国人が持ち込んだことは間違いがなさそうです。

いずれにしても、こうした記録からわかることは、ヨーロッパでは当時から、キクイモがポピュラーな野菜だったということ。そして、傷みやすいキクイモを、長い船旅のなか、どのように保管して持ち込んだのか興味深いところです。

「菊芋」命名

「花ハ菊ノ如ク根ハ芋ノ如キニヨリ菊芋ノ名ヲ命セリ」。1882（明治15）年発行の『大日本農会報告　第十号』に記されています。

菊芋と名づけ、『大日本農会報告』にキクイモの紹介記事を書いたのは、博物学者であり農務官僚であった田中芳男。しかし、菊芋と名付けられたのは、明治15年より前だったかもしれません。というのも、田中自身が、〈1865（慶応元）年に馬鈴薯や落花生とともに菊芋も栽培した〉と、彼の著作『新撰日本物産年表』（1901〈明治34〉年）に書き記しているからです。

明治期のかくれた偉人、田中芳男

日本で初めて博覧会を開催、博物館を創設し、上野動物園の礎を築き、小笠原諸島を開拓して日本で初めてコーヒーの栽培に成功し、長崎から持ち帰ったビワを改

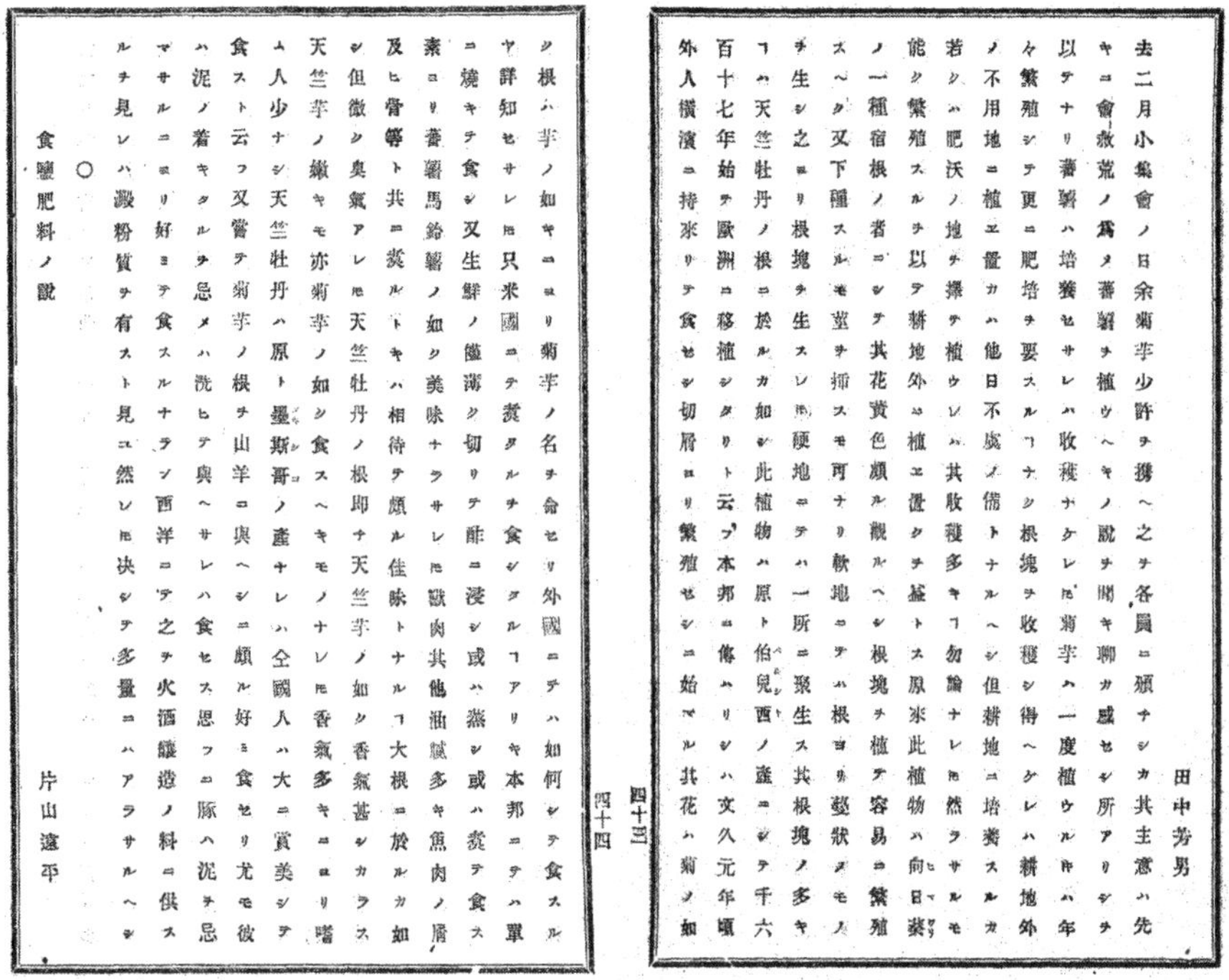

田中芳男

去二月小集會ノ日余菊芋少許ヲ携ヘ之ヲ各員ニ頒ナシカ其主意ハ先キニ會救荒ノ爲メ蕃藷ヲ植ウヘキノ說ヲ聞キ聊カ感セシ所アリシヲ以テナリ蕃藷ハ培養セサレハ收穫ナケレト菊芋ハ一度植ウルトキハ年々繁殖シテ更ニ肥培ヲ要スルコナク根塊ヲ收穫シ得ヘケレハ耕地外ノ不用地ニ植エ置カハ他日不虞ノ備トナルヘシ但耕地ニ培養スルカ若シクハ肥沃ノ地ヲ擇テ植ウレハ其收穫多キコ勿論ナレトモ然ラサルモ能ク繁殖スルヲ以テ耕地外ニ植エ置クヲ益トス原來此植物ハ向日葵《ヒマワリ》ノ一種宿根ノ者ニシテ其花黄色頗ル觀ルヘシ根塊ヲ植テ容易ニ繁殖スヘク又下種スルモ莖ヲ揷スモ可ナリ軟地ニテハ根ヨリ蔓狀ノモノヲ生シ之ニヨリ根塊ヲ生スレトモ硬地ニテハ一所ニ聚生ス其根塊ノ多キコハ天竺牡丹ノ根ニ於ルカ如シ此植物ハ原ト伯兒西ノ產ニシテ千六百十七年始テ歐洲ニ移植シタリト云フ本邦ニ傳ハリシハ文久元年頃外人横濱ニ持來リテ食セシ切屑ヨリ繁殖セシニ始マル其花ハ菊ノ如

四十三

ク根ハ芋ノ如キニヨリ菊芋ノ名ヲ命セリ外國ニテハ如何シテ食スルヤ詳知セサレトモ只米國ニテ煮タルヲ食シタルコアリヤ本邦ニテハ單ニ燒キテ食シ又生鮮ノ儘薄ク切リテ酢ニ浸シ或ハ蒸シ或ハ煮テ食ス素ヨリ蕃藷馬鈴藷ノ如ク美味ナラサレトモ獸肉其他油膩多キ魚肉ノ屑及ヒ骨等ト共ニ煮ルトキハ相待テ頗ル佳味トナルコ大根ニ於ルカ如シ但微ク臭氣アレトモ天竺牡丹ノ根即ナ天竺芋ノ如ク香氣甚シカラス天竺芋ノ嫩キモ亦菊芋ノ如ク食スヘキモノナレトモ香氣多キニヨリ嗜ム人少ナシ天竺牡丹ハ原ト墨斯哥ノ產ナレハ全國人ハ大ニ賞美シテ食スト云フ又嘗テ菊芋ノ根ヲ山羊ニ與ヘシニ頗ル好ミ食セリ尤モ彼ハ泥ノ着キタルヲ忌メハ洗ヒテ與ヘサレハ食セス思フニ豚ハ泥ヲ忌マサルニヨリ好ミテ食スルナラン西洋ニテ之ヲ火酒釀造ノ料ニ供スルヲ見レハ澱粉質ヲ有スト見ユ然レトモ決シテ多量ニハアラサルヘシ

○

食鹽肥料ノ說　片山遠平

四十四

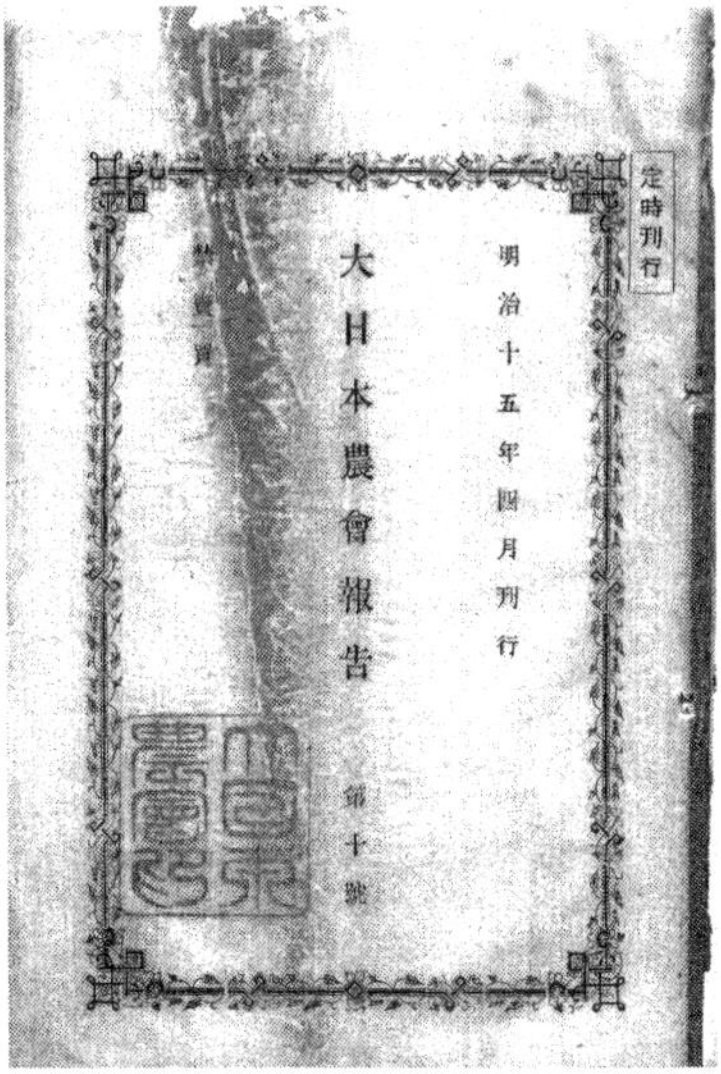

●『大日本農会報告』第十号（明治15年4月刊行）の43ページの最後の行から、〈花ハ菊ノ如ク根ハ芋ノ如キニヨリ菊芋ノ名ヲ命セリ〉と書かれています。

提供：公益社団法人 大日本農会

良して「田中」というビワの品種をつくり、ソメイヨシノを発見し、西洋リンゴの接ぎ木に成功し……。これらはすべて田中芳男が始めたり、創設に関わったりした事柄、のほんの一部です。ひとりの人物が手掛けたとは思えないほど、多岐にわたっています。

「元ト昌平坂聖堂ニ於テ博覧会図」　昇齋一景画
1872（明治5）年　飯田市美術博物館本館蔵
日本の博物館の発症といわれる湯島聖堂大成殿内における文部省博覧会の様子を描いた錦絵。田中はその開催に尽力した。

菊芋の名づけ親、田中芳男とは、いったいどんな人物だったのでしょうか。

田中芳男は１８３８（天保9）年、飯田中荒町（現・長野県飯田市中央通り2丁目）で医師・田中隆三の三男として生まれました。１８５６（安政３）年、18歳で名古屋へ遊学し、尾張藩儒者の塚田氏に漢籍を学び、翌年、伊藤圭介の門人となり、蘭学・本草学などを学びます。その後、江戸へ出て、幕府の洋学研究機関へ勤めるようになり、舶来植物の調査と試験栽培に従事。多くの有用植物を日本に紹介しました。前述した１８６５

（慶応元）年の菊芋栽培はこの時期のことです。

1867（慶応3）年、パリ万博への出品物の輸送と展示を任されて渡仏。このとき田中はパリで、他国の出品物をはじめ、博物館、動物園、植物園などさまざまな文化施設を見学し、刺激を受けます。そして、帰国後、のちに博覧会や博物館、動物園、公共図書館へとつながっていく事業を立ち上げるのです。

一方、本草学を学び、幕府の洋学研究機関で舶来植物の調査と栽培に従事して以来、農林水産業の振興にも尽力します。1881（明治14）年に農商務省が設置されると、初代農務局長に抜擢され、2年後には農書編纂掛長となるなど、農務官僚として活動。また、駒場農学校（現東京大学農学部）の設立に関わり、東京高等農学校（現東京農業大学）の

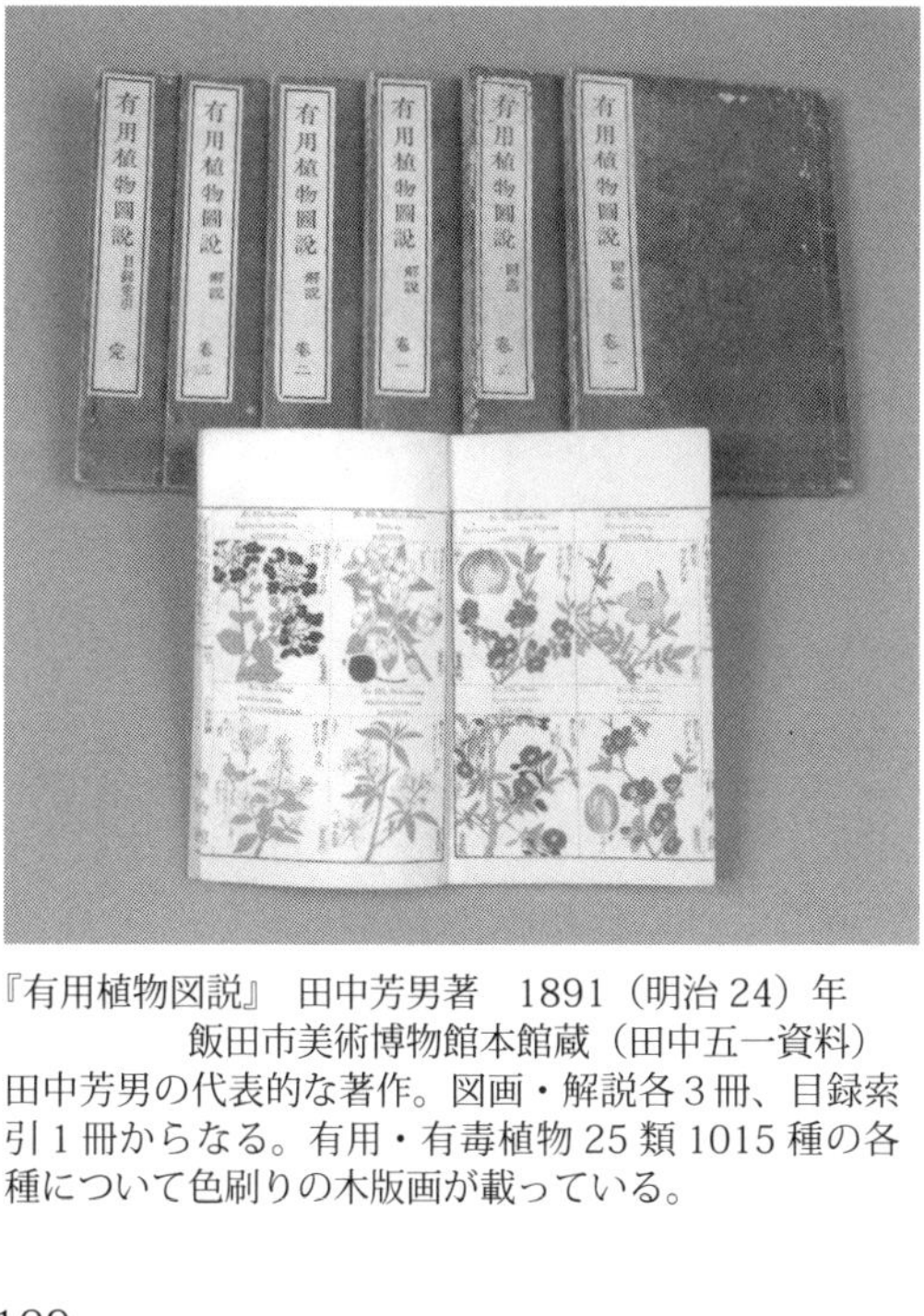

『有用植物図説』　田中芳男著　1891（明治24）年
飯田市美術博物館本館蔵（田中五一資料）
田中芳男の代表的な著作。図画・解説各3冊、目録索引1冊からなる。有用・有毒植物25類1015種の各種について色刷りの木版画が載っている。

初代校長も務めました。編著に『動物学』『有用植物図説』、企画・監修の掛図・図解に『教草（おしえぐさ）』『養蚕図解（こがいえとき）』などがあります。

　菊に似た花をつけ、根は芋のようになるから「菊芋」。極めてシンプルな命名法ですが、「芋」とついたことで、その後、この農作物のイメージを誤解させる一因になるとは（芋ではない、炭水化物も含まない）、田中芳男も想像すらしなかったことでしょう。

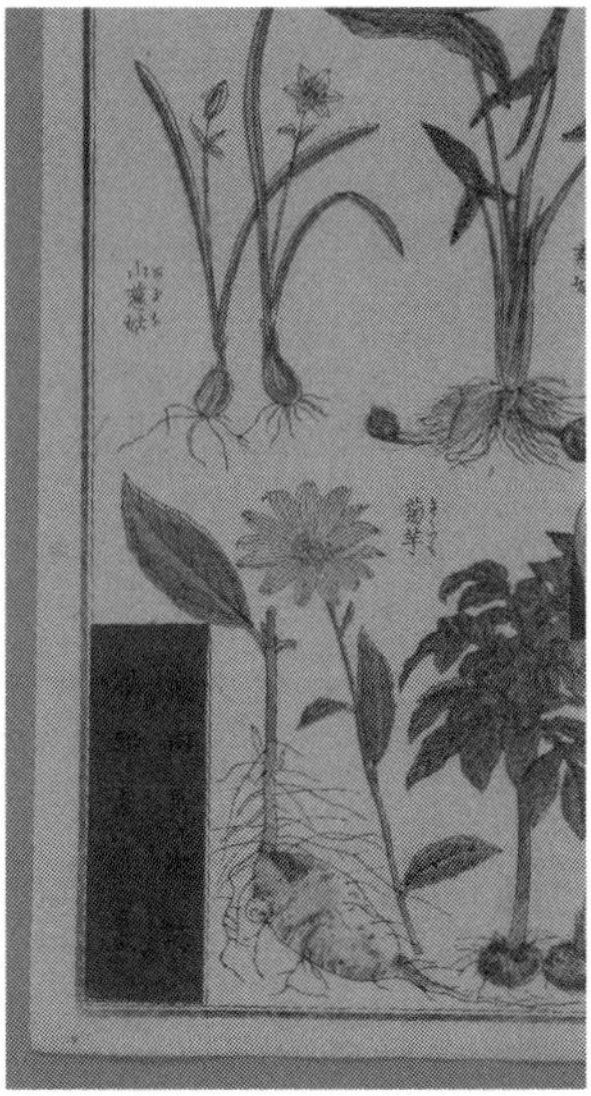

戦後の食糧難時代を支えたキクイモ

「キクイモは戦後の食糧難時代、各地で盛んに栽培された」と雑誌やホームページ、ブログなどによく書かれています。図書館で過去の雑誌や論文を調べてみたところ、戦前戦後はちらほら、その後、１９４７年頃から、栽培しましょうと呼びかける記事や栽培法、料理のレシピ、果実酒のつくり方、砂糖精製、酒醸造などさまざまな研究や記事が数多く発表されており、キクイモが重宝されていた様子がうかがえます。

ところが、1975年を過ぎた頃からパタっと見なくなってしまうのです。あれほど盛り上がっていたのに……。ちょうど高度成長期。冷蔵・冷凍技術の進歩や流通の発達などにより、日本中、世界中から豊富な食材が運ばれてくる時代になって、日持ちしにくいキクイモはどんどん隅に追いやられ、家庭の食卓から消え、いつのまにか忘れ去られてしまったのでしょう。しかし、もともと生命力旺盛なキクイモ。畑のまわりや河川敷、山のふもと、道ばたなどで自生し、ひっそりと、でもたくましく生き続けていました。

そして今、再び、食のルネサンス

キクイモの記事がまた出てくるのは、2000年を越えた頃。じわじわと論文や雑誌記事が増えてきます。主要成分イヌリンの研究もすすみ、血糖値の改善、ダイエット、便秘の改善など、健康によい野菜として再び注目され、休耕地利用や地域活性化といった現代のテーマにもうまく合致し、地域ぐるみでキクイモ生産に取り組むところも出てきました。そのほんの一部を本書でも紹介しています。

一方、海外でも、近年、その機能性が盛んに研究されています。佐賀大学医学部の高橋宏和先生の寄稿文にも、欧米で行なわれた過去の臨床試験でキクイモを継続して摂取することによって血糖値が改善するという報告について触れられています（P61～参照）。海外では、「食のルネサンス、再び」として注目されているとか。

インターネットの検索サイトで、「Jerusalem artichoke」で検索してみると、海外発のキクイモ料理のレシピがたくさん出てきます。他の野菜と一緒にローストしたものやスープ、サラダなどおしゃれな料理がたくさん！　キクイモのイメージがとても広がります。

戦後、日本人の食生活を支え、しかしその後、日本経済が発展して豊かになるにしたがい、食卓から消えてしまったキクイモが今、再び、日本人の健康と地域のために表舞台に出てこようとしています。

第5章

キクイモ大好き！　各地のキクイモ健康会

健康腸寿、自給自職。そしてキクイモで健康を築く 言葉遊びが上手で楽しい、市民発のキクイモ活動

あさひかわ菊芋健築会（北海道旭川市）

インターネットで「第2回　菊芋勉強会　菊芋で元気に過ごしませんか」という小さな広告記事を見つけました。記事には「菊芋ってなーに？」という小見出しで、キクイモのことを簡単に説明もしています。これは、キクイモのよさにほれ込んだ人がキクイモのことを広めよう、みんなでキクイモを食べて健康になろうという目的でグループを作り、勉強会などを開催しているのだろう。そう考えて連絡を入れてみると、会長の名前が「菊野芋太郎こと横田象二郎です」とおっしゃる。話を伺えば伺うほど、ユニークで、かつ、高齢化社会にむけて大事な活動をしようとしていることがわかりました。

キクイモ勉強会の様子。

目標は大きく、高齢者主体の「農業による村づくり」

さっそく、会則を送っていただいたところ、会の目的に、〈菊芋を食べ、菊芋の葉茶を飲むことで、食生活を改善し、健康維持、増進を目的とする〉と書いてあるほか、〈菊芋を栽培し、加工食品も製造する〉とも書かれていました。

昭和20年生まれの横田さんは、広告代理店や店舗設計の会社などを経て、独立。店舗設計施工業を営んでいました。多くのサラリーマンが定年退職を迎える60歳になった頃、「国の根源的な力は農業にあるのではないか」と気がついたといいます。

自分もこれからどんどん年を重ねていく。しかし今の日本社会では、老人は病気になるし仕事もしない、やっかいな存在だと思われているのではないか。そんなのはおかしい。自分はもちろん、

仲間とともに農作業で汗を流す。よい運動になり、コミュニケーションも図れる。

これからどんどん高齢化が進んでいくなか、何か方法がないだろうか。あれこれ考えて、思い至ったのが「農業」でした。

農業をすることが運動になり、基礎体力を確保しつつ、野菜栽培の協同作業で仲間と交流もできる。大地に根づいた生活を送る。年を重ねたメンバーが集まり、「健康村」「農村村」、そんなものができたらいいなと考えていた横田さん。何か健康によい作物がないかと探していたところ、「菊芋粉末」という商品があることを知ります。調べてみると、キクイモがからだにとてもよいことがわかり、２０１６年３月、熊本の知人からキクイモの種芋を購入。自分で栽培を始めました。

そして、農作物を育てるといっても、キクイモは他の作物と違い、新規就農や素人でも始めやすいこと。年をとってから、仲間とともにやる農業としては最適だと考え、秋の収穫の頃から、勉強会を開いたり、知人の協力を得て、チップスやお茶の製造にも乗り出しました。

キクイモ栽培で健康なからだと安定した精神状態を

少しずつ仲間も増え、現在、あさひかわ菊芋健築会の中心メンバーは９人、会員は50人ほどになりました。本拠地のある旭川市の農園もだいぶ広くなっています。農作業を希望する会員はキクイモ栽培に参加。収穫されたキクイモは、旬の時期にはそのまま食べることもありますが、会員が一年を通して摂取することができるようにと、お茶とチップスにも加工しています。

あさひかわ菊芋健築会が提案するのは、「健康腸寿」と「自給自職」。

鍵を握るのは、健康なからだと安定した精神状態だといいます。キクイモを食べて腸が丈夫になれば、健康に生きていくことができる。キクイモ加工品を販売することで収入に結びつけば、やりがいを持って生き生きと、気持ちも安定して、充実した日々を送ることができる。組織が大きくなってくれば、農作業だけでなく、さまざまな仕事が生まれます。

会員には、自分の得意分野で参加してもらえたらよいのです。

　もともと店舗設計が専門だった横田さんは、さらに大きな目標を掲げています。農業法人になり、旭川にゲストハウスを建て、農業体験や、海外からのお客さまには語学研修なども受けてもらえるような事業はできないだろうか、ということ。現在、73歳。「あさひかわ菊芋健築会」を、きちんとした事業に整えて、次世代にも引き継ぎたいと考えているからです。横田さんが始めたキクイモ栽培は家庭菜園の枠を一歩も二歩も跳び越えて、社会に貢献しようとしています。

旭川、冬のキクイモ畑

地元産のキクイモを使い、みんなで考えるキクイモ料理

キクイモ・ヤーコンを食べて幸せになろう（東京都国立市）

ハイソなイメージとは違う、国立の素顔

２０１８年2月、東京都国立市で「キクイモ・ヤーコン家庭料理コンテスト」が開催されました。企画したのは服部いづみさん。ソーシャルワーカーとして目の不自由な人のための「音の出る絵本」や電子書籍の開発という仕事をしながら、国立の魅力を再発見してもらおうと「くにたちを感じる地図旅」などを開催してきた方です。

その服部さんから「国立のイメージは？」と聞かれ、思い浮かぶのは駅前の、ちょっとハイソなイメージだと答えると、「そうなんですよねぇ。でもそれは、国立のほんの一部であって、駅から南のほうに来ると、ぜんぜん違う風景が広がるんです」といいます。確かに今回、お話をうかがった「城山さとのいえ」のまわりは水田

や畑、雑木林、小さな川、近くには民家やお店、人々の生活の場がある、昔ながらの里山の風景がひろがる場所でした。国立駅前のイメージとはまったく異なります。

「国立駅の周辺は、いわゆる消費社会ですよね。国立から出ていってしまった人は、戻ってこない。国立、おもしろいのにな。魅力があるのに、それが住民にも伝わっていないのかな。と思って、地元の人のインタビューをとってネットで配信する事業を立ち上げたんです」（服部さん）

地形の中に段丘があるとき、その段差部分を「ハケ」や「ママ」と呼びます。国立市には３つの段丘があり、ハケのある地形が素朴ながらも力強い自然をつくりだしています。そして、

城山さとのいえ

ハケからの豊かな湧水、東日本最古の天満宮「谷保天満宮」、さまざまな農作物、駄菓子、ジャズ、語り部など国立にはおもしろいことがあり、ユニークな人もたくさんいました。

「国立に対する思いや楽しみ方が、人それぞれあったので、その方がたに国立のまちを案内してもらったら、国立の良さが伝わるかなと思って、まちあるきの会を始めたんです」とのこと。

そのなかで、キクイモ生産者の北島薫さん、ヤーコン生産者の佐藤英明さんとも出会います。

仲間が投稿しあうキクイモ料理。楽しい雰囲気が伝わります

あるとき、服部さんの友だちがおめでたに。「妊婦さんが食べるとよい野菜、ないかな」と調べてみたところ、キクイモとヤーコンが出てきたのですが、「どんな野菜なのか食べてみたいけど、見たことがない」と。仲間に聞いてみると、「国立で育てている人がいるよ。ピクルスに入れているって」との情報。それが北島薫さ

んでした。北島さんがなぜキクイモ栽培をするようになったのか。それは、奥さまの実家で農業を営んでいた義弟さんが亡くなったことがきっかけでした。サラリーマンだった北島さんは、週末にお義父さんを手伝うようになりますが、そのお義父さんも鬼籍に入り、しばらくはサラリーマンとの二足のわらじ、週末にできる範囲で細々と農業を営んでいたそうです。

しかし退職を期に、農業一本に。地産地消、直売中心の経営に転換。とはいえ、米づくりやナス、トマトなど手広く生産していた義弟さん、お義父さんとまったく同じことをするのは難しい。そこで、「人があまりつくらないようなものを栽培してみよう」「これからの時代は、健康がキーワード」「健康によいと言われる野菜を中心に栽培をしてみよう」、そう考えて、探してい

国立市内にある北島さんのキクイモ畑。

るなかでキクイモの存在を知ることになったといいます。

珍しい野菜をつくっても、それが認知されて定着するまでには3年はかかるだろう……。どうしたら知ってもらえるか、おいしくて手軽な食べ方はないか。直売所に出すほか、試行錯誤を続けていました。

北島さんと出会った服部さんはキクイモのことを教えてもらい、さっそくピクルスに。そのしゃきしゃきとした食感とおいしさにほれ込み、２０１６年12月15日には、フェイスブックに「キクイモとヤーコンを食べて幸せになろう」というグループを立ち上げます。キクイモの北島さんも参加して、作物の栄養や特性、料理のヒントを投稿。料理は、北島さんおすすめの丸揚げ（小ぶりのキクイモを使う）や青椒肉絲、服部さんが作ってみたパンケーキなどをはじめ、メンバーも、キクイモやヤーコンで料理を作っては投稿するようになりました。

「こんなのをつくってみました」「これ、つくってみたけど、どうかな～」

仲間のつくる料理にヒントを得て、他の仲間が別の料理をつくってみる。メンバーのやりとりは楽しさにあふれ、「楽しい」は「おいしい」、そんな雰囲気です。そして、それが「キクイモ・ヤーコン家庭料理コンテスト」につながっていきます。

キクイモの皮のフライやポトフ、素揚げ、餃子など、アイデアいっぱいのキクイモ・ヤーコン料理が集まりました。

２０１７年11月に呼びかけてから約３カ月の間に50品近い家庭料理が寄せられました。どれも甲乙つけがたい仕上がりでしたが、そこから厳選して５品を大賞に選び、２０１８年２月25日、コンテストの実食会を開催する運びとなったのです。

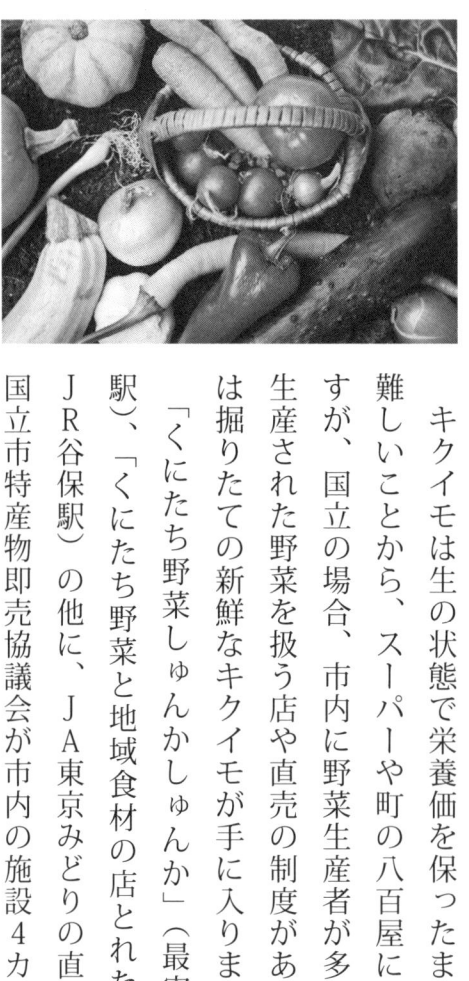

地産地消の環境が整っているからこそできる国立のキクイモ直売

キクイモは生の状態で栄養価を保ったまま保管するのが難しいことから、スーパーや町の八百屋に並びにくいのですが、国立の場合、市内に野菜生産者が多いため、国立で生産された野菜を扱う店や直売の制度があり、旬の季節には掘りたての新鮮なキクイモが手に入ります。

「くにたち野菜しゅんかしゅんか」（最寄駅：ＪＲ国立駅）、「くにたち野菜と地域食材の店とれたの」（最寄駅：ＪＲ谷保駅）の他に、ＪＡ東京みどりの直売所、あるいは国立市特産物即売協議会が市内の施設４カ所を使って、毎週水曜日に国立野菜の直売会を開いています。もちろんキクイモ以外の野菜もとても充実しています。

「つくる人が好きじゃなきゃ、だめだと思うよ」

服部さんが「みんな、もっとキクイモをつくったらいいのに（笑）」と言うと、北島さんが笑いながら、「でも、最終的には、つくる人が好きじゃないとダメだと思うよ」と答えます。「好きだから、こんなにいい食材をどこで売ろうか、どう知ってもらおうかと考える。服部さんが何かはじめたよ、じゃあ、一緒にやろうか、お願いしてみようかということになるんですよ」。

北島さんは家業である米も栽培しています。北島さんがつくるのは「キヌヒカリ」という品種。コシヒカリよりさっぱりした口あたりで、冷めてもおいしく、お弁当向きだとか。

国立の南側は民家の近くに畑や水田のある地域があり、米も野菜も、生産者が丹精込めて世話をしている様子を間近に見ることができます。減農薬や脱化学肥料に取り組む生産者も多いため、とくに、結婚して、新しく国立に引っ越してきた子育て世代の人たちが、北島さんたち地元生産者の野菜を買ってくれることが多いそうです。

「夕食をつくろうとして、あ、お米がない！　となったら、連絡をくれればすぐに届けますよ」と北島さん。

キヌヒカリは消費者にはあまりなじみのない品種で、そのままではなかなか売れていきません。そこで、産地と消費地が近いことを活かして、こうした配達サービスを行なったり、谷保天満宮でお祓いをしてもらい、「天神米」という商品名で売り出し、受験シーズンの神頼み（！）に役立ててもらおうなど、いろいろ策を練っています。それもこれも、やはり、その作物が「好きだから」。

キクイモ・ヤーコンの家庭料理コンテストは今後も続けていきたいそうです。次はどんな料理のアイデアが出てくるでしょう。

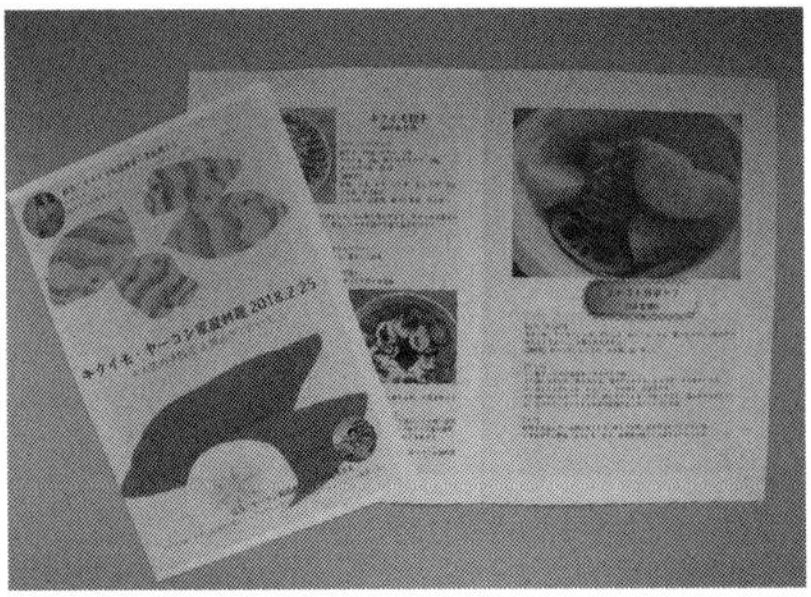

キクイモ料理コンテスト大賞受賞料理のレシピ。

もえファーム、相馬さん撮影のキクイモの花

サキベジ「3つの習慣」にぴったりハマるキクイモ栽培

一般社団法人 サキベジ推進協議会（長野県長野市）

長野市松代町に「健康の教室サキベジ・ラボ（サキベジ推進協議会が運営する健康教室）」のキクイモ畑「サキベジ農園」があります。スタートは2017年、4月に種芋を植えて、11月に初収穫。一年間、試行錯誤をくりかえして育て、仲間と楽しく収穫したキクイモの味は格別でした。栽培の途中ではキクイモの料理教室も開催され、葉の天ぷらやチップスなどを調理。葉の天ぷらは風味がとてもよかったそうです。

長寿県・長野。予防医学への理解の深さ

長野県は「長寿県」というイメージがあります。実際、厚生労働省が5年ごとに

発表する「都道府県別生命表～都道府県別にみた平均寿命の推移」によると、男性は昭和50年の調査から、女性は平成７年の調査から、平均寿命全国ベスト５に入り続けています。まさに長寿常連県。

しかしその前、昭和40年の調査では、男性は９位、女性にいたっては26位。冷蔵・冷凍流通がまだ確立されていなかった頃の長野県は、食品保存のために、漬け物や塩鮭など塩分の多い食事が多く、昔は、脳卒中の死亡率が全国１位だったのです。これをなんとかしようと、医師や保健師が中心となって、塩分濃度を減らすための減塩運動や健康講座などを積極的に開き、続けてきたそうです。〝教育県〟ともいわれる県民性もあってか、地域みんなで熱心に取り組み、予防医学を実践する地域性が育まれてきたのだと、長寿常連県となった理由が考えられています。

キクイモを、サキベジを象徴する野菜に育てたい

その長野で、２０１５年8月に発足したのが「サキベジ推進協議会」（2年後、一般社団法人に）。先に野菜をたくさん食べて健康になろう。だから「サキベジ」。減塩に取り組み、ようやく、長寿常連県となった長野でも、今、糖尿病患者の増加が心配されています。全国でみると、予備軍も含めて人口の20％、約２２１０万人が糖尿病患者ともいわれている現代。血管がぼろぼろになり、高脂血症、糖尿病網膜症、腎不全など失明や死に至る可能性のある病気です。また、糖尿病は脳梗塞や心筋梗塞を引き起こす要因でもあります。

そうならないためにとの強い思いから、サキベジ推進協議会は、長野市で地域医療にかかわる医師と企業関係者が連携して設立されました。名誉会長に加藤久雄長野市長、協議会の代表理事として活動をリードしているのが、長野市で広告代理店（株式会社アスク）を経営する小山秀一さん、理事には、大岡診療所所長で医師の内場廉さんらが就任。地域医療の現場で長く、寝たきりを防ぐ指導を続けてきた内場先生が呼びかけてきた内容を、よりわかりやすく、具体的に伝えています。

サキベジ推進協議会がかかげる「３つの習慣」は、
一、先に野菜をたくさん食べる。
二、毎日７０００歩以上を歩く。
三、コミュニケーション。一緒に活動する仲間との関わりを持つ。
「野菜を先に、たくさん食べることで、食べ過ぎや糖質や脂質の取り過ぎ、血糖値の上昇を抑え、高血圧や脳梗塞も予防することができます」（小山さん）

自分たちが育てたキクイモの葉を天ぷらに。サキベジ料理教室。

キクイモ葉の天ぷら、とてもおいしそうです。

サキベジ協議会では、「サキベジクッキング」として野菜をたっぷり使う料理の情報をテレビ番組やyou tubeなどで紹介しているほか、「健康の教室サキベジ・ラボ」を立ち上げ、みんなで運動をしたり、中小企業向けには「サキベジ健康プログラム」として、健康運動指導士や管理栄養士による社員、スタッフの健康を維持するための指導など、さまざまなことに取り組んでいます。

そのなかでも、代表理事の小山さんが力を入れているのが、「長野県菊いも活性化プロジェクト」。遊休農地を利用し、会員が自分たちでキクイモを育て、仲間と一緒にからだを動かし、収穫する喜びやいきがいを感じられる場にしようというものです。健康の教室サキベジ・ラボの野外講座といったところ。種芋を植え、途中、イノシシ除けのネットを張るなど手もかけます。収穫のときの楽しさ、喜びもひとしお。参加者のなかには、講座がきっかけで自宅の庭でも栽培を始めたという人も。

2年めの今年も、もうすぐ収穫の時期を迎えます。

「会員もスタッフも、楽しんでキクイモ栽培に取り組んでいます。自分たちでつくるキクイモはおいしいですよ。料理教室やキクイモレシピコンテストなどを実施して、キクイモレシピも増やしていきたいですね。また、農地を増やして、チップスやジャムなど商品化することも考えています。サキベジを象徴する野菜として、長野市特産の健康作物に育てたいですね」（小山さん）

●まだまだ全国にたくさんいる キクイモ栽培にかける皆さん

今回ご紹介した皆さん以外にも、たくさんのキクイモ生産者や地域ぐるみで取り組む皆さん、加工品を取り扱う会社の方が全国各地にいます。

たとえば、静岡県富士宮市猫沢の畑でキクイモを生産する生方三朗さんらのグループは、2018 年秋から冬にかけて収穫するキクイモで、はじめて焼酎の醸造に挑戦します。つくるのは地元・富士宮市の酒蔵メーカー。2019 年はさらに地元の遊休畑にキクイモの種芋を提供し、増産を計る計画があるとか。将来、キクイモ焼酎が富士宮の名酒となるかもしれません。

また千葉には、今年はじめてキクイモを植えたグループもあると情報が伝わってきました。こうした動きはきっと全国各地にあることでしょう。

キクイモはどんどん身近な野菜になっていくと期待されます。

第6章

和食に洋食、スイーツも！ 健康と美容にキクイモレシピ

《北の鉢ポッポ舎》稲葉典子さんのレシピ

北の鉢ポッポ舎があるのは、知床連峰の裾野にあたる北海道北見市。北海道に特化したオイル漬け山菜の開発、北国果実「アロニア木の実」など、からだによいものを無添加で製造販売しています。北海道胆振東部地震からの復興をめざして全国各地の北海道展、うまいもの会で実演販売を展開。副代表の稲葉典子さんにキクイモレシピを考えていただきました。

基本のキクイモおやき（左ページにアレンジ２品）

旬のキクイモをすりおろし、火を通すと、トロモチっとした食感になります。基本のキクイモおやきに、粒コーンや黒豆をトッピング。

味つけは不要。そのままでおいしくいただけます。

塩もしょうゆも使わないので、塩分制限している方にはうれしいレシピです。

材料（２人分）

キクイモ	200g
かたくり粉	40g

つくり方（したごしらえ）

1. キクイモは皮をむき、水にさらしてあくを抜いておく。
2. キクイモをすりおろす。汁がたくさん出るが栄養の宝庫なので、そのまま汁も使う。
3. かたくり粉４０ｇを混ぜ合わせてまとめる。
4. ２つに分けて厚さ１㎝ほどの平たい形にする。
5. そのまま焼いて食べる場合は、左ページ上の焼き方６～７参照。

キクイモのおやき（粒コーンのトッピング）

材料（２人分）
基本のキクイモおやきと同じ
粒コーン（缶や茹でたとうもろこし）　適量

つくり方
1～5. 基本のキクイモおやきのつくり方（したごしらえ）と同じ。
6. フライパンにうすく油をひき、中火よりやや弱めの火で３分。
このとき、粒コーン（缶）を適宜、上に散らす。
7. そのままフライ返しでひっくり返して、弱火で２分焼く。

＊コーンの代わりに市販の黒豆（煮豆）を使ってもおいしくいただけます。

キクイモのおやきのだんご汁

材料（１～２人分）

キクイモ	200g
かたくり粉	40g
カブ、長ネギなどお好きな野菜	適量
ローズマリーの葉	少し
だし汁	適量
塩、しょうゆ	適量

つくり方
1～3. 基本のキクイモおやきのつくり方（したごしらえ）と同じ。
4.3 を丸く、２㎝ほどのだんご状に成形しておく。
5. カブはいちょう切り、長ネギは斜め薄切りに。
6. 鍋にだし汁を入れ、５のカブや長ネギ、香りづけにローズマリーを少し入れて、ひと煮立ちさせたら、４のキクイモだんごを入れる。
7. だんごが浮いてきたら火が通った証拠。塩、しょうゆで味をととのえる。

キクイモと厚あげの煮びたし

材料（２人分）

キクイモ	200g
厚あげ	１丁
だし汁	キクイモがかぶる程度
砂糖	適量
酒	適量
塩	適量
しょうゆ	適量
みりん	適量

つくり方

1. キクイモの皮をむき、水にさらして、あくを抜いておく。
2. キクイモと厚あげを一口大に切る。
3. キクイモがかぶるほどのだし汁でことこと煮る。
4. キクイモがやわらかくなったら、砂糖、酒を入れ、厚あげも入れる。
5. 塩、しょうゆを入れ、最後はみりんで味をととのえる。

キクイモとにんじんの胡麻酢

材料（２人分）

キクイモ	200g
にんじん	１本
塩　適量	

＊甘酢（多めにつくっておくと便利です）

酢	カップ 1/2
砂糖	大さじ３
塩	大さじ 1/2
だし汁	大さじ１

つくり方

1. キクイモは皮をむき、水にさらして、あくを抜いておく。
2. にんじん、キクイモをせん切りにする。
3. 軽く塩をまぶし 10 分ほどおいてしんなりさせ、かるく水洗いしたら水を切る。
4. ３に甘酢をふり、すり胡麻（分量外）などをまぶす。

《熊本菊芋専門店「ひなた」》おすすめレシピ

熊本菊芋専門店「ひなた」のホームページには、天ぷらやパスタ、ケーキなどさまざまなキクイモ料理のレシピが載っています。キクイモを知り尽くしたスタッフが自宅で作って好評だというレシピも。生のキクイモだけではなく、パウダーやチップスを使うレシピもあるので、いつでもキクイモ料理が楽しめますね。

もっちりロールケーキ

材料（１本分）
普段つくるケーキ、ロールケーキのレシピから薄力粉を大さじ１～２程度減らし、その分、キクイモ粉末、パウダーを加えるだけの簡単アレンジ。

つくり方
1. ケーキの生地を作るときに、薄力粉の分量を大さじ１～２杯、減らす。
2. 減らした分量と同量のキクイモ粉、パウダーを加える。
（取りかえる分量は大さじ２杯程度までにするのがコツです）
3. あとは、いつものレシピ通りに焼き上げる。
♥もっちりとして米粉ロールのような味わいに仕上がります。
是非お試しください！

サーモンのスープパスタ（キクイモチップスの戻し汁を利用）

材料（２人分）

パスタ	150g
キャベツ	1/4 玉
サーモン	お好みの量
チーズ	好みのチーズ
戻し汁	400cc ～
塩	少々
麺つゆ	大さじ３～
オリーブ油	大さじ２
油	大さじ１

つくり方

1. パスタを茹ではじめる。
2. キャベツはざっくりと食べやすい大きさに切る。チーズは小さめにちぎる。
4. フライパンに油をひいてキャベツをさっと炒め、茹でたパスタを加え、全体を混ぜる。
5. 麺つゆ、戻し汁を加えしばらく煮立たせて塩で味を調える。
6. 火を止めてオリーブ油を全体にかけまわしからませる。
7. 皿に盛りサーモンとチーズをちらして、できあがり。

キクイモの天ぷら

材料（人数分）

キクイモ、ちくわ、
にんじん、玉ねぎ、
などお好きな野菜。

天ぷら粉	適量
キクイモ粉	適量
水	適量

つくり方

天ぷら粉にキクイモ粉を大さじ１～２杯程度、適当に加え、いつものように揚げる。

♥キクイモ料理の中でもおすすめなのが天ぷらです。
おかずに、おつまみに、おやつに。やみつきになります。
キクイモの天ぷらは、ぜひお試しください！

キクイモのごろごろみそ汁

材料（２人分）

キクイモ	１個
豆腐	1/2 丁
油あげ、大根、青菜などお好きな野菜	適量
だし汁	適量
みそ	適量

つくり方

1. キクイモは少し大きめに切る。
2. 豆腐、大根なども少し大きめに。油あげ、青菜は食べやすい大きさに。
3. 鍋にだし汁を入れ、地面から下の野菜は水から、上の野菜は煮立ってから鍋に入れ、煮る。
4. やわらかくなったらみそを入れる。

キクイモのヨーグルトドリンク

材料（１杯分）

プレーンヨーグルト	1/2 カップ
牛乳	1/2 カップ
オリゴ糖	大さじ１～２
キクイモ粉	小さじ１

つくり方

1. 材料をボウルに入れて、泡だて器でしっかり混ぜて、できあがり。（ミキサーにかけても）

♥あればレモン汁など加えても♪

キクイモチップスのオープンサンド

材料（6枚分）

食パン	6枚
キクイモチップス（水で戻したもの）	50g
サラダ菜	6枚〜
サバの水煮缶	1缶
マヨネーズ	大さじ2
しその葉	4枚
玉ねぎスライス・ゆで卵スライスとろけるチーズ	適量

つくり方

1. 乾燥チップス、しその葉はみじん切りにする。
2. ボウルにサバ、しその葉、マヨネーズ、サバ缶の汁を少々入れ混ぜ合わせる。
3. 食パンに薄くマヨネーズを塗る。
4. サラダ菜1～2枚、玉ねぎスライス、ゆで卵スライスをのせ、2を全体に塗る。
5. 乾燥菊芋チップスとチーズを上から散らす。
6. オーブンでこんがりチーズが溶けるまで焼けたら出来上がり。

キクイモと油あげの酢の物

材料（2人分）

キクイモチップス酢漬け（チップスを酢に漬け込んだもの）	60g
きゅうり	1本
油あげ	1枚
ちりめんじゃこ	50g

（調味液）

酢 大さじ2/薄口しょうゆ 小1/砂糖小1

つくり方

1. キクイモチップスをやわらかくなるまで、半日ほど酢につけておく。
   使うときは酢を切り、細切りにする。
2. 油あげ、きゅうりを薄くスライスする。
3. 調味料をボウルにすべて合わせておく。
3. 材料をすべてボウルに入れて、軽く和えて、できあがり。

キクイモと納豆のおやき

材料（３～４人分）

キクイモチップス	30g
納豆	３パック
小ネギ	３～４本
ゴマ油	大さじ１
いりごま	小さじ１
塩	ひとつまみ
薄口しょうゆ	大１
小麦粉	70g～（お好みの量で）
チップス戻し汁	150cc～（お好みの量で調整）
油	適量

つくり方

1. 小ネギと戻したキクイモチップスを細かく切る。
2. ボウルに小麦粉と戻し汁を入れ、しっかり混ぜる。
3. ２にゴマ油、いりごま、薄口しょうゆを入れて混ぜる。
4. 納豆と１をいれてさっくり混ぜて、具入りの生地ができあがり。
5. 大きめのフライパンに油をひき、生地を流す。
6. 両面をこんがり焼いたらできあがり。

＜おやきのたれ＞

ポン酢、ラー油、米酢、練り辛子などを混ぜてつくる。量はそれぞれお好みで。

JA信州うえだよだくぼ南部
きくいも研究会のレシピ

JA信州うえだよだくぼ南部きくいも研究会では、秋の収穫祭の際、ドーナツやすいとん、だんごなどをつくって、皆で食べるそうです。それもとてもおいしそうですが、今回はキクイモの福神漬けをご紹介いただきました。シャキシャキとした歯ごたえもよく、カレーだけでなくどんな料理にもよく合います。

キクイモの福神漬け

材料（つくりやすい分量）

キクイモ	1.2kg
レンコン	200g
塩漬けきゅうり	1.5kg
にんじん	500g
大根	750g
ニンニク・ショウガ	適量
〈調味液〉	
しょうゆ	800ml
酒	800ml
水	800ml
砂糖	400g

つくり方

1. キクイモ、大根、にんじんを2～3mmの厚さでいちょう切りにする。
2. 塩漬けきゅうりは2～3mmの厚さに切って、水にひたし、塩抜きをしてそのあと水気をよく切っておく。
3. レンコンは同じぐらいの大きさに切り、さっと茹でる。
4. 調味液を合わせ、さっと煮たてて、ニンニク、ショウガのせん切りを入れ、材料を熱い調味液に漬けこむ。
5. 4に重石をする。食べ頃は7日目頃から。

長井菊芋研究所とゆかりのある山形県立山辺高校の生徒たちによるレシピ

長井菊芋研究所と山辺高校の縁を取り持ったのは、隣町に住む元客室乗務員の方。現役時代よりキクイモを知っていたことから、長井菊芋研究所を応援してくれていました。そして、バスに乗り合わせた山辺高校の学生にキクイモのレシピ開発を勧めてくれたのだとか。

そんな偶然からたくさんのレシピが生まれました。今回はその中から厳選した３品をお届けします。

キクイモの豚肉巻き

材料（２～３人分）

豚ロース	６～７枚
キクイモ	200g
（下味）酒／適量	
塩／ひとつまみ	
てんさい糖	大さじ１
酒	小さじ１
みりん	小さじ１
しょうゆ	大さじ 1.5
オリーブ油	大さじ１

つくり方

1. 豚肉は酒と塩をふり、下味をつけておく。
2. てんさい糖、酒、みりん、しょうゆを混ぜ、合わせ調味料をつくる。
3. キクイモは皮付きのまま太めのせん切りにする。
4. ラップの上に豚ロースを１枚広げ、切ったキクイモをのせて巻いていく。
5. 熱したフライパンにオリーブ油を入れ、焼いていく。
6. 5 に２の合わせ調味料を加え、転がしながら全体に味をからめる。調味料が煮詰まり、おいしそうな照りがついたら完成。

キクイモ pizza

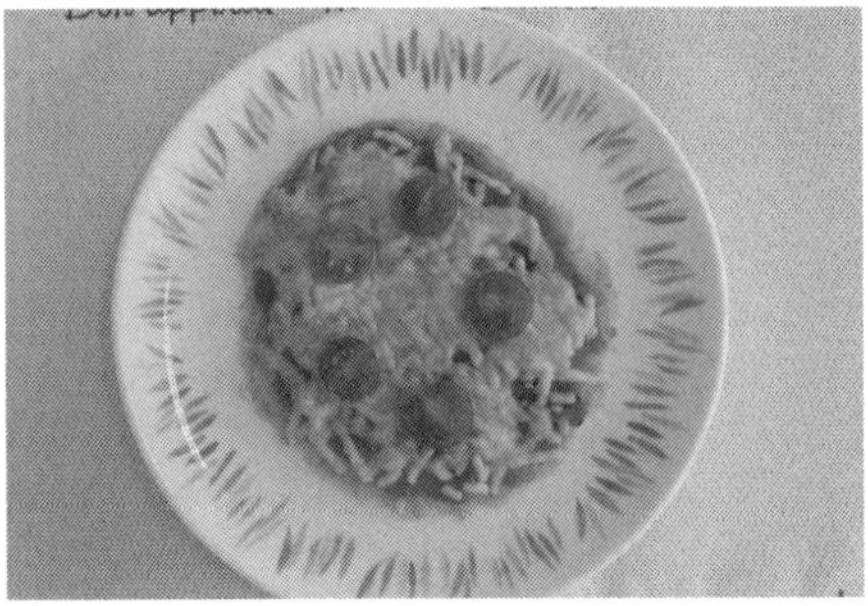

材料（2人分）

キクイモ	5個
ピザソース	大さじ5
トマト	5個
とろけるチーズ	50g
粉チーズ	大さじ2
塩・コショウ	適量

つくり方

1. キクイモを千切りにして茹で、マッシュにする。しっかり茹で柔らかくしてからマッシュに。つぶしすぎないことでキクイモの食感が楽しめます。
2. 鉄板にクッキングシートを敷き、1を丸く成形する。
3. その上にピザソースを塗り、とろけるチーズ、トマトを並べる。
4. 塩・コショウを振る。
5. 180度のオーブンで、7分焼く。仕上げに粉チーズを振りかけて完成。

キクイモコロコロ揚げ

材料（1～2人分）

キクイモ	3～4個
かたくり粉	15g
薄力粉	15g
スキムミルク	大さじ1
粉チーズ	大さじ1
塩	少々
〈切れてるチーズ・板チョコ〉〈パン粉・ごま〉	
油	適量

つくり方

1. キクイモを茹でて、粉ふき芋にして、マッシュする。
2. 1に＊を入れ、混ぜる。
3. 一口大に切った〈切れてるチーズや板チョコ〉をそれぞれ包む。
4. お好みでパン粉やごまをつけて、油で揚げる。

※オーブンで焼く場合は、180度で15分ほど焼く。

小高律子さんに聞く「キクイモ簡単１行レシピ」

家庭では２人のお子さんのお母さんでもある小高さん。女性生産者は皆さん同じですが、農作業やイベントをこなし、家族の食事も作る。とても忙しい毎日です。

時間がなくてもキクイモを簡単に、上手に取りいれられるヒントを教えてもらいました。

ふりかけるだけ！

つくり方
グラタンやアイスクリームにキクイモのパウダーをかける。サラダにチップスをトッピングする。のせるだけの簡単キクイモレシピ。

♥いろいろなものに
トッピング！

いつものメニューで、キクイモと何かを取りかえるだけ！

つくり方
青椒肉絲ではタケノコの代わりにキクイモを千切りにして。カレーや肉料理の付け合わせには、ジャガイモの代わりにキクイモを。このように、いつもの料理の中の「何か」をキクイモに変えるだけの簡単キクイモレシピ。

カレーにはゴロっと大きめに切るとおいしい。付け合わせや、鍋に入れるときはスライスがおすすめです。

おわりに

本書『農と食の王国シリーズ　キクイモ王国　地方の時代を拓く食のルネサンス』制作にあたり、多くの方に取材や資料提供などご協力いただきました。

今年は集中豪雨、夏の酷暑、地震、台風など自然災害の多い年でした。雨風に倒れ、傷ついた作物や畑の手入れなど、生産者の方はいつにも増してお忙しかっただろうと思います。学校関係者の方にはテストや学校行事など、忙しい時期と重なることも。そんな中、快く取材等に応じてくださり、誠にありがとうございました。

さて、もうすぐキクイモの収穫時期。地域やその年の状況にもよりますが、だいたい、11月から翌年の3月か4月頃までが旬です。生のキクイモが手に入る方はぜひ。あるいは、チップスや粉末、お茶などは一年を通して楽しむことができます。

この本がきっかけとなり、キクイモがもっと広く知られ、皆さまの健康のお役に立つことができますように。

２０１８年10月１日

みんなのキクイモ研究会

取材協力（敬称略・順不同）

弥生の里農園／もえファーム／小高律子／長井菊芋研究所／長井商工会議所／佐賀大学機能性農作物キクイモ研究所／佐賀大学医学部 肝臓・糖尿病・内分泌科／徳島県美馬つるぎ地区キクイモ栽培加工消費研究会／徳島県西部総合県民局・美馬農業支援センター／JA信州うえだよだくぼ南部 きくいも研究会／熊本菊芋専門店「ひなた」／寺尾勇／長崎県立長崎南高等学校・同校土橋バイオグループ／長崎県立大学シーボルト校看護栄養学部／いさはや農産物研究会／北海道キクイモ研究会／株式会社ルピシア／あさひかわ菊芋健築会／キクイモ・ヤーコンを食べて幸せになろう／北島薫／一般社団法人サキベジ推進協議会／株式会社アスク／生方三朗／北の鉢ポッポ舎／山形県立山辺高等学校

写真資料協力（敬称略・順不同）

飯田市美術博物館／公益社団法人 大日本農会／やまがたの広報写真ライブラリー

参考文献

『地域食材大百科』第1巻　農山漁村文化協会（農文協）　2010年
『日本調理科学会誌』VOL3　No3　2003年
『生涯学習研究と実践』第2号　北海道浅井学園大学生涯学習研究所研究紀要　2002年
『日本の近代化に挑んだ人々　田中芳男と南信州の偉人たち　田中芳男没後100年記念特別展』　飯田市美術博物館編　2016年
『日本の博物館の父　田中芳男』　飯田市美術博物館編　1999年
『大日本農会報告』明治15年4月号
『昭和農業技術史への証言』第5集　昭和農業技術研究会編　西尾敏彦編　農山漁村文化協会（農文協）　2006年
『福井県文書館研究紀要　第7号』　福井県文書館　2010年
『日本農業新聞』『朝日新聞』『山形新聞』

編者紹介

一般社団法人ザ・コミュニティ

（イッパンシャダンホウジン　ザ・コミュニテイ）

地域の自然環境、産業、文化、歴史などをグローバルな視点でとらえ、これからの町・村おこし、都市づくりに展望を開こうというネットワーク集団。学者やジャーナリスト、行政関係者などさまざまな人で構成されている。「ザ」には「The」と、ひとつの目的で集まる「座」の意味も込められている。ザ・コミュニティ編による主な著書に『コミュニティ手帳』、農と食の王国シリーズ『山菜王国』『海藻王国』『おいしい山野菜の王国』など多数。

キクイモ王国《おうこく》　地方《ちほう》の時代《じだい》を拓《ひら》く食《しょく》のルネサンス

2018年11月21日　第1刷発行
2020年3月26日　第2刷発行

編　者　一般社団法人《いっぱんしゃだんほうじん》ザ・コミュニティ
みんなのキクイモ研究会《けんきゅうかい》
著者　鈴木克也　生方三朗　本多忠夫
滑川善也　内田克己　大泉洋子　矢野恭子
発行者　落合英秋
発行所　株式会社 日本地域社会研究所
〒167-0043　東京都杉並区上荻1-25-1
TEL　(03)5397-1231(代表)
FAX　(03)5397-1237
メールアドレス　tps@n-chiken.com
ホームページ　http://www.n-chiken.com
郵便振替口座　00150-1-41143
印刷所　中央精版印刷株式会社

ISBN978-4-89022-230-8

日本地域社会研究所の好評図書

前立腺がん患者が放射線治療法を選択した理由
がんを克服するために
小野恒ほか著・中川恵一監修…がんの治療法は医師ではなく患者が選ぶ時代。告知と同時に治療法の選択をせまられる。正しい知識と情報が病気に立ち向かう第一歩だ。治療の実際と前立腺がんを経験した患者たちの生の声をつづった一冊。
46判174頁／1280円

こうすれば発明・アイデアで「一攫千金」も夢じゃない！

あなたの出番ですよ！

中本繁実著…細やかな観察とマメな情報収集、的確な整理が成功を生む。アイデアのヒントは日々の生活の中に埋もれている。好きをお金に変えようと呼びかける楽しい本。

46判205頁／1680円

高齢期の生き方カルタ
～動けば元気、休めば錆びる～
三浦清一郎著…「やること」も、「行くところ」もない、「毎日が日曜日」の「自由の刑（サルトル）」は高齢者を一気に衰弱に追い込む。終末の生き方は人それぞれだが、現役への執着は、人生を戦って生きようとする人の美学であると筆者は語る。
46判132頁／1400円

新・深・真 知的生産の技術
知の巨人・梅棹忠夫に学んだ市民たちの活動と進化
久恒啓一・八木哲郎著／知的生産の技術研究会編…梅棹忠夫の名著『知的生産の技術』に触発されて1970年に設立された知的生産の技術研究会が研究し続けてきた、知的創造の活動と進化を一挙に公開。巻末資料に研究会の紹介も収録されている。
46判223頁／1800円

大震災を体験した子どもたちの記録
宮﨑敏明著／地球対話ラボ編…東日本大震災で甚大な津波被害を受けた島の小学校が図画工作の授業を中心に取り組んだ「宮古復興プロジェクトC」の記録。災害の多い日本で、復興教育の重要性も合わせて説く啓蒙の書。
A5判218頁／1389円

日英2カ国語の将棋えほん
漢字が読めなくても将棋ができる！
斉藤三笑・絵と文…近年、東京も国際化が進み、町で外国人を見かけることが多くなってきました。日本に来たばかりの生徒も、この本を見て、すぐにみんなと将棋を楽しんだり、将棋大会に参加するなんてこともできるかもしれません。（あとがきより）
A4判上製48頁／2500円

日本地域社会研究所の好評図書

農と食の王国シリーズ

中村信也・炭焼三太郎監修／ザ・コミュニティ編…地方創生×自然産業の時代！山村が甦る。大地の恵み・四季折々の独特の風味・料理法も多彩な山菜の魅力に迫り、ふるさとと自慢の山菜ビジネスの事例を紹介。「山菜検定」付き！

山菜王国 ～おいしい日本菜生ビジネス～

A5判194頁／1852円

高田建司著…心と体のぜい肉をそぎ落とせば、誰でも知的美人になれる。それには日常の心掛けと努力が第一。玉も磨かざれば光なし。いい女になりたい人必読の書！

心身を磨く！美人力レッスン いい女になる78のヒント

46判146頁／1400円

阿部伸一著…学校へ通っていない生徒を学習塾で指導し、保護者をカウンセリングする著者が、これからの可能性を大きく秘めた不登校の子どもたちや、その親たちに送る温かいメッセージ。

不登校、学校へ「行きなさい」という前に ～今、わたしたちにできること～

46判129頁／1360円

木村昭平＝絵と文…活気・元気いっぱいの浅草。雷門の赤いちょうちんの中にすむ不思議な女と、おとうさんをさがすひとりぼっちの男の子の切ない物語。

あさくさのちょうちん

B5判上製32頁／1470円

瀬沼克彰著…「今日用（教養）がない」「今日行く（教育）ところがない」といわないで、生涯学習に積極的に参加しよう。地域の活気・元気づくりの担い手を育て、みんなで明るい未来を拓こう！と呼びかける提言書。

生涯学習まちづくりの人材育成 人こそ最大の地域資源である！

46判329頁／2400円

佐藤竜一著…東北が生んだ天才的詩人・歌人の石川啄木と国民的詩人・童話作家の宮沢賢治。異なる生き方と軌跡、そして共通点を持つふたりの作家を偲ぶ比較人物論！

石川啄木と宮沢賢治の人間学 ビールを飲む啄木×サイダーを飲む賢治

46判173頁／1600円

日本地域社会研究所の好評図書

隠居文化と戦え　社会から離れず、最後まで生き抜く　楽をせず、健康寿命を延ばし、

三浦清一郎著…人間は自然、教育は手入れ。子供は開墾前の田畑、退職者は休耕田。手入れを怠れば身体はガタガタ、精神はボケる。隠居文化が「社会参画」と「生涯現役」の妨げになっていることを厳しく指摘。

46判125頁／1360円

コミュニティ学のススメ　ところ定まればこころ定まる

濱口晴彦編著…あなたは一人ではない。人と人がつながって、助け合い支え合う絆で結ばれたコミュニティがある。地域共同体・自治体経営のバイブルともいえる啓発の書！

46判339頁／1852円

癒しの木龍神様と愛のふるさと　～未来の子どもたちへ～

ごとむく・文／いわぶちゆい・絵…大地に根を張り大きく伸びていく木々、咲き誇る花々、そこには妖精（フェアリー）たちがいる。「自然と共に生きること」がこの絵本で伝えたいメッセージである。薄墨桜に平和への祈りを込めて、未来の子どもたちに贈る絵本！

B5判上製40頁／1600円

現代俳優教育論　～教わらない俳優たち～

北村麻菜著…俳優に教育は必要か。小劇場に立つ若者たちは演技指導を重視し、「教育不要」と主張する。俳優教育機関が乱立する中で、真に求められる教えとは何か。取材をもとに、演劇という芸術を担う人材をいかに育てるべきかを解き明かす。

46判180頁／1528円

発明！　ヒット商品の開発　アイデアに恋をして億万長者になろう！

中本繁実著…アイデアひとつで誰でも稼げる。「頭」を使って「脳」を目覚めさせ、ロイヤリティー（特許実施料）で儲ける。得意な分野を活かして、地方創生・地域活性化を成功させよう！　1億総発明家時代へ向けての指南書。

46判288頁／2100円

観光立村！　丹波山通行手形　都会人が山村の未来を切り拓く

炭焼三太郎・鈴木克也著…丹波山（たばやま）は山梨県の東北部に位置する山村である。本書は丹波山を訪れる人のガイドブックとすると同時に、丹波山の過去・現在・未来を総合的に考え、具体的な問題提起もあわせて収録。

46判159頁／1300円

日本地域社会研究所の好評図書

教育小咄 ～笑って、許して～

三浦清一郎著…活字離れと、固い話が嫌われるご時世。高齢者教育・男女共同参画教育・青少年教育の3分野で、生涯学習・社会システム研究者が、ちょっと笑えるユニークな教育論を展開！

46判179頁／1600円

防災学習読本 大震災に備える！

坂井知志・小沼涼編著…2020年東京オリンピックの日に大地震が起きたらどうするか震災の記憶を風化させないために今の防災教育は十分とはいえない。非常時に助け合う関係をつくるための学生と紡いだ物語。

46判103頁／926円

地域活動の時代を拓く コミュニティづくりのコーディネーター×サポーターの実践事例

みんなで本を出そう会編…老若男女がコミュニティと共に生きるためには？ 共創・協働の人づくり・まちづくりと生きがいづくりを提言。みんなで本を出そう会の第2弾！

46判354頁／2500円

コミュニティ手帳 都市生活者のための緩やかな共同体づくり

落合英秋・鈴木克也・本多忠夫著／ザ・コミュニティ編…人と人をつなぎ地域を活性化するために、「地域創生」と新しいコミュニティづくりの必要性を説く。みんなが地域で生きる時代の必携書！

46判124頁／1200円

詩歌自分史のすすめ ―不帰春秋片想い―

三浦清一郎著…人生の軌跡や折々の感慨を詩歌に託して書き記す。不出来でも思いの丈が通じれば上出来。人は死んでも「紙の墓標」は残る。大いに書くべし！

46判149頁／1480円

成功する発明・知財ビジネス 未来を先取りする知的財産戦略

中本繁実著…お金も使わず、タダの「頭」と「脳」を使うだけ。得意な経験と知識を生かし、趣味を実益につなげる。ワクワク未来を創る発明家を育てたいと、発明学会会長が説く「サクセス発明道」。

46判248頁／1800円